ESSAY

KRITIK

MARGINALIEN

Nils Güttler, geb. 1980, Assistenz-Professor für Wissenschaftsgeschichte am Institut für Geschichte der Universität Wien. 2023 erschien *Nach der Natur. Umwelt und Geschichte am Frankfurter Flughafen.*
nils.guettler@univie.ac.at

Helmut Draxler, geb. 1956, Professor für Kunsttheorie an der Universität für angewandte Kunst Wien. 2021 erschien *Die Wahrheit der Niederländischen Malerei. Eine Archäologie der Gegenwartskunst.*

Leon Birck, geb. 1995, Doktorand an der Europa-Universität Viadrina Frankfurt (Oder) und wissenschaftlicher Mitarbeiter am Institut für Historische Rechtsvergleichung der Universität zu Köln.
leon.birck@uni-koeln.de

Andreas Dorschel, geb. 1962, Professor für Ästhetik an der Kunstuniversität Graz. 2021 erschien *Wortwechsel. Zehn philosophische Dialoge*, 2022 *Mit Entsetzen Scherz. Die Zeit des Tragikomischen.*

Martin Höpner, geb. 1969, Politikwissenschaftler und Forschungsgruppenleiter am Max-Planck-Institut für Gesellschaftsforschung.
hoepner@mpifg.de

Jens-Christian Rabe, geb. 1977, Autor und Redakteur im Feuilleton der *Süddeutschen Zeitung.*
jens-christian.rabe@sz.de

Daniel Immerwahr, geb. 1980, Bergen Evans Professor in the Humanities am History Department der Northwestern University in Chicago. 2019 erschien *Das heimliche Imperium. Die USA als moderne Kolonialmacht.* – Der Beitrag erschien unter dem Titel *Zoning Out* in der *New York Review of Books* vom 23. November 2023.

Jasper Westhaus, geb. 1996, Künstler, Autor, Forscher.
www.jasper-westhaus.de

Jan Wetzel, geb. 1991, Wissenschaftlicher Mitarbeiter am Wissenschaftszentrum Berlin für Sozialforschung; Promovend an der TU Dresden zur historischen Soziologie moderner Gestaltung. 2020 erschien *Die Vertrauensfrage. Für eine neue Politik des Zusammenhalts* (zus. m. Jutta Allmendinger).
jan.wetzel@wzb.eu

Jonathan Schilling, geb. 1993, Historiker. 2024 erscheint seine Dissertation *Ottilie Wildermuth (1817–1877). Studien zu Leben, Werk und Wirkung.*
j.schilling@uni-muenster.de

Susanne Neuffer, geb. 1951, Autorin. 2019 erschien *Im Schuppen ein Mann*; 2022 *Sandstein. Zwei Novellen.* www.susanne-neuffer.de
www.susanne-neuffer.de

ZU DIESEM HEFT

Als das Fliegen noch als Inbegriff von Modernität empfunden wurde, waren Flughäfen spektakuläre Bauwerke, die stolz vom Aufbruch in eine Zukunft ohne technologische Limits kündeten. Mittlerweile sind es gesichtslose Riesenschachteln, in denen trotz massivem Technikeinsatz dauernder Ausnahmezustand herrscht. Einer der Gründe dafür ist, dass immer größere Massen an Fluggästen und Waren in immer kürzerer Zeit abgefertigt werden müssen. Allerdings gibt es, wie Nils Güttler in seinem Essay erläutert, »wohl kaum einen anderen Ort, der auf so engem Raum durch internationale und nationale Vorschriften derart umfassend reguliert und dadurch in seinen Betriebsabläufen gebremst wird«. Der ständige logistische Drahtseilakt, den dieser Widerspruch erzwingt, ist nur durch massive Standardisierung auf allen Ebenen zu bewältigen, weshalb sich die großen Flughäfen in aller Welt spätestens seit den 2000er Jahren allesamt zum Verwechseln ähnlich sehen.

Auch darin, dass sie alle riesige Shopping-Malls sind. Wie es dazu kam, ist Teil der Geschichte, die Daniel Immerwahr in seinem Rezensionsessay zu Quinn Slobodians neuem Buch *Kapitalismus ohne Demokratie* erzählt. Die 1947 um den irischen Flughafen Shannon entstandene Duty-free-Zone erscheint darin nämlich geradezu als Modell jener Exklaven, die heute dem globalen Kapital mehr oder weniger große Freiheit vor dem Zugriff der Staaten gewähren. Vorreiter waren Londoner Banken mit Dollar-Konten, die das Geld behandelten, als sei es nicht wirklich in Großbritannien gelandet, sondern befinde sich auf Durchreise. Heute prägen Sonderzonen unterschiedlicher Art, und zunehmend auch die mit ihnen verbundene libertäre Ideologie, die Weltwirtschaft: von den Kaimaninseln bis nach Shenzhen, von Peter Thiel bis Javier Milei.

CD / EK

Nils Güttler

Risse im Raum

Durch die fensterlosen Gänge des Terminals. Die meisten Läden sind geschlossen, nur die Autovermietungen haben geöffnet. Im Hintergrund läuft Fahrstuhlmusik, gelegentlich von Ansagen unterbrochen. Bitte lassen Sie kein Gepäck unbeobachtet stehen. Ab und zu begegnet einem eine einsame Gestalt mit Atemschutzmaske, doch die Blicke treffen sich nur kurz, während man mit ausreichend Sicherheitsabstand aneinander vorbeihuscht. Mit dem Aufzug geht es in den 14. Stock auf ein mäßig gefülltes Parkdeck. Niemand zu sehen. Wieder zurück im Untergeschoss führt eine versteckte Tür ins Freie. Hier ist die Welt zwar ähnlich monoton wie im Inneren, aber immerhin gibt es zwischen den menschenleeren Verbindungsstraßen auch mal ein Blumenbeet, und in der Ferne ist ein Waldstück zu sehen.

Immer wieder kommen mir Bilder vor Augen. Sie stammen aus Terminals und der Umgebung anderer Flughäfen, die Tausende Kilometer weit entfernt sind, aber nahezu identisch aussehen: Yaoundé (Kamerun), Porto Alegre (Brasilien), Verna (Rumänien), JFK (New York) und Kansai (Japan). Dazu gesellen sich Stimmen. Sie berichten von alten Kolonialplantagen, auf denen das Kautschuk für Flugzeugreifen hergestellt wurde; von der Favela Vila Nazaré, die auf den Druck von Fraport einer neuen Landebahn weichen musste; von Erdölraffinerien auf den Antillen, auf denen lange Zeit das in Frankfurt verwendete Kerosin hergestellt wurde. Die Karibikinseln sind heute ein Brennpunkt der globalen Klimakrise. Ein Satz hallt in meinem Kopf nach. Es war ein Auftrag: »Ich muss mich mit den anderen verbinden, denn die Räume, die wir durchqueren, sind nicht aus sich selbst heraus zu verstehen. Wir können uns alleine in ihnen nicht zurechtfinden. Zerstreut, aber parallel, versuchen wir den Weg zu finden.«

Es ist Juli 2021. Auf dem Frankfurter Flughafen kann man an *The Passengers* teilnehmen, einem Video-Walk, den das Künstlerkollektiv LIGNA gestaltet hat. Bei der Tour folgt man einer festgelegten Route, die auf dem Smartphone-Display eingespielt wird und mit Parallelrundgängen durch andere Flughäfen überlagert ist. Es handelt sich um ein Experiment im »Synchronisieren«. Performativ, in der Mischung aus Gehen, Sehen und Hören, sollen die Teilnehmenden in ein »Netz von Ähnlichkeiten« und »Verbindungen« einsinken, in dem die »zerstreuten Jetzt-Zeiten« dieser Orte als gleichzeitig erfahrbar werden sollen. In die globale Gegenwart mischt sich aber auch jede Menge Geschichte, etwa die deutsche koloniale Umweltgeschichte, die Firmengeschichte von Fraport und nicht zuletzt eine der wichtigsten Episoden aus der jüngeren Geschichte des Frankfurter Flughafens: der Widerstand gegen den Bau der Startbahn West in den frühen 1980er Jahren. »Legen Sie meinen Blick und Ihren übereinander.«

Dass der Video-Walk für viele Teilnehmende zu einer ganz besonderen und teils verstörenden Erfahrung wurde, lag nicht nur an der oft irritierenden Überlagerung von Orten, Bildern, Stimmen und Geschichten. Es hatte maßgeblich mit dem Moment der Aufführung zu tun. Lange vor der Pandemie geplant, geriet das Projekt in die Mühlen der Covid-Jahre. Die Veranstaltung musste mehrfach verschoben werden und fand schließlich zwischen dem zweiten und dritten Lockdown statt, kurz nach dem Ende der »Bundesnotbremse«. Die Fahrgastzahlen stiegen damals auch in Frankfurt langsam wieder – die Ferienflieger standen schon wieder startbereit –, aber der Flughafen befand sich noch im Notfallmodus. Gerade mal ein Jahr war es her gewesen, dass »die Welt stillstand und ihre Räume scheinbar einte«, wie es am Beginn des Rundgangs heißt. Dieser Moment, der erste Lockdown, bildet dessen Leitmotiv. Denn plötzlich schien sich mit den Flughäfen etwas zu verändern, und es wurde etwas sichtbar: »Ein Riss im Raum, in dem etwas auftauchen konnte. Eine andere Realität, eine andere Möglichkeit zu leben, eine Welt ohne Warentausch. Aber das war nur ein kurzer Moment. Die Waren sind wieder an ihrem Ort, die Geschäftigkeit ist zurückgekehrt, aber die Hoffnung bleibt, dass wir uns in diesem kurzen, globalen Moment einen Weg durch das Labyrinth der Globalisierung bahnen können, einen Weg durch die globalen Räume wie den Flughafen.«

Der pandemische Flughafen

Als im März 2020 viele Teile der Welt dichtmachten, wurden die Flughäfen schnell zu einem Sinnbild der Pandemie. Sie waren der Ort, der die schnelle Ausbreitung der verschiedenen Virusvarianten möglich machte, hier musste sie eingedämmt werden. Während die mobilen Teile der Bevölkerung zuhause bleiben mussten und die Flughafengesellschaften den größten Teil ihrer Belegschaft in Kurzarbeit schickten, wurden andere in spektakulären Aktionen in ihre Heimatländer zurückgebracht. In den Medien zirkulierten Bilder menschenleerer Terminals, gestrandeter Passagiere und aufwändiger Rückholaktionen. Wer Mitte März 2020 noch mit dem Flugzeug unterwegs war, fühlte sich zwischen zwei Welten: Die Routinen liefen weiterhin verstörend normal – an vielen Flughäfen gab es trotz scharfer Rhetorik aus den Innenministerien nicht einmal Passkontrollen –, aber über allem schwebte die Gewissheit, am Ende von etwas angekommen zu sein und in eine ungewisse Zukunft zu steuern.

Bei näherem Hinsehen war man auf diese Zukunft gut vorbereitet. Aufbauend auf den Erfahrungen während der SARS-Pandemie 2002 waren Flughäfen längst als epidemiologische Knotenpunkte erkannt, an denen der Strom der Menschen frühzeitig gestoppt werden musste. »Am Flughafen Frankfurt werden in enger Abstimmung zwischen dem Flughafenbetreiber Fraport AG und dem Amt für Gesundheit situationsadaptiert Maßnahmen ergriffen, um die Einschleppung und Weiterverbreitung von Keimen zu verringern«, hieß es beispielsweise im Kommunalen Influenzapandemieplan des Amts für Gesundheit Frankfurt am Main aus dem Jahr 2011/12. Die Weltgesundheitsorganisation WHO bot spezielle Kurse an, um das Personal der großen Hub-Flughäfen für den Ernstfall zu schulen. Die Behörden, die Flughafengesellschaften und die Öffentlichkeit hatten fast zwanzig Jahre auf die Pandemie »gewartet«, wie es der Ethnologe Carlo Caduff 2017 formulierte.[1] Sein Kollege Andrew Lakoff sprach im gleichen Jahr von einer sich global ausbreitenden Kultur des Vorbereitetseins, der »preparedness«.[2]

Der Erfahrungsschatz, aus dem sich diese Kultur der Vorbereitung speiste, war freilich älter. Was Frankfurt angeht, reichte er mindestens bis in die 1960er Jahre zurück. Im Juli 1967 wurde das später als »Marburg Virus« bezeichnete, hochinfektiöse und tödliche Filovirus durch einen Tiertransport von rund 600 Affen – es handelte sich um Äthiopische Grünmeerkatzen – nach Zwischenstopp in London-Heathrow über den Flughafen ins Rhein-Main-Gebiet eingeschleppt. Fünf Menschen, die mit den Affen oder anderen Infizierten in Berührung gekommen waren, starben. Im Tier-Terminal des Flughafens, dem »Tierraum«, der mittlerweile in »Animal Lounge« umbenannt worden ist und heute von Lufthansa Cargo betrieben wird, verschärfte man die Hygiene- und Quarantänevorschriften. Eine Tierärztliche Grenzkontrollstelle entstand, in der heute mehrere Dutzend Veterinäre und Veterinärinnen arbeiten.

Und apropos Affen: Hat uns nicht Hollywood spätestens seit den 1990er Jahren auf die Rolle von Flughäfen im pandemischen Ernstfall vorbereitet? Man denke nur an *12 Monkeys* (1996), den vielleicht schönsten Pandemiefilm der jüngeren Kinogeschichte. In der Schlussszene besteigt der Biowissenschaftler Dr. Peter ein Passagierflugzeug, um ein genetisch manipuliertes Laborvirus, das er im Aktenkoffer bei sich trägt, auf der Welt zu verteilen und die Menschheit zu vernichten. Sein Widersacher, der dem Wahnsinn

1 Carlo Caduff, *Warten auf die Pandemie: Ethnographie einer Katastrophe, die nie stattfand*. Konstanz University Press 2017.

2 Andrew Lakoff, *Unprepared: Global Health in a Time of Emergency*. Oakland: University of California Press 2017.

nahe Zeitreisende James Cole, kommt zu spät und muss zu allem Überfluss noch mitanschauen, wie er als Kind zum Zeugen seines eigenen Todes wird. Er stirbt am Flughafen Philadelphia, in den Armen seiner Psychiaterin.

Der Film greift einen Topos auf, der aus dem öffentlichen Diskurs über die Luftfahrt seit Beginn des Jet Age in den frühen 1960er Jahren nicht mehr wegzudenken ist: der Flughafen als Symbol der modernen Entfremdung des Menschen von der Natur. Denn hinter der globalen Pandemie verbirgt sich in *12 Monkeys* – wie in vielen Pandemiefilmen – der anthropogene Ökozid. Der Zeitreisende Cole folgt dabei der mysteriösen Spur einer radikalen ökoaktivistischen Gruppe, die von dem Millionärs- und Virologensohn Jeffrey Goines angeführt wird und deren Ziel die Befreiung von Zootieren ist. Auch in der Vorlage für *12 Monkeys*, dem Kurzfilmklassiker *La Jetée* von Chris Marker (1962), geht es um den spätmodernen Naturverlust. Die Pandemie ist hier der Atomkrieg, statt Zootieren sind es ausgestopfte Tiere aus dem Naturkundemuseum. Der Film wird gerahmt von Bildern der Aussichtsplattform am Flughafen Paris-Orly. Die menschheitsgeschichtliche Katastrophe kündigt sich also auch hier am Flughafen an, dem Ort, an dem sich der Mensch am deutlichsten von all jenen Fesseln der Natur befreit hat, die ihn am Boden halten.[3]

Jenseits des Nicht-Orts

Das dystopische Bild von Flughäfen als Kristallisationspunkten einer globalen Gefahr war letztlich nichts anderes als die Kehrseite der schillernden Flughafenutopien aus den Boom-Jahren nach dem Zweiten Weltkrieg. Sie manifestierten sich in unzähligen futuristischen Terminalgebäuden wie etwa Eero Saarinens spektakulärem TWA Flight Center an New Yorks JFK Airport (1962).[4] Flughäfen wurden bei solchen Gelegenheiten als Orte des schier grenzenlosen Verkehrs und »Flusses« an Menschen und Waren gepriesen, insbesondere im Einflussbereich des US-amerikanischen »Luftimperiums«.[5] So bezeichnete der U.S. High Commissioner for Germany (HICOG) bei einem feierlichen Akt zur Eröffnung neuer Rollbahnen am Frankfurter Flughafen im November 1950 den Wiederaufbau der kriegszerstörten Anlagen als »Erfüllung« eines alten »Frankfurter Traumes«: »to

3 David Pascoe, *Airspaces*. London: Reaktion Books 2001.

4 Alastair Gordon, *Naked Airport: A Cultural History of the World's Most Revolutionary Structure*. University of Chicago Press 2004.

5 Jenifer Van Vleck, *Empire of the Air: Aviation and the American Ascendancy*. Cambridge / Mass.: Harvard University Press 2013.

create the finest airport in Europe, and in so doing to assure to free men of the world the opportunity for interchange of goods and ideas vital to the progress of democracy«.[6]

Der Traum vom unbegrenzten Menschen- und Warenverkehr verdüsterte sich dann allerdings schon mit den sechziger Jahren. Bilder von Flugzeugentführungen, Terroranschlägen, Schmugglerbanden, aber auch erste Warnungen vor gefährlichen Viren geisterten durch die Medien, und die Flughafenterminals schlossen sich architektonisch von der Außenwelt ab.[7] Nach innen wurden sie stratifizierter. Es entstanden eigene Bereiche für Sicherheits-, Grenz- und Zollkontrollen, voneinander getrennte Transitzonen, später Asylunterkünfte, Lounges für Wohlhabende sowie ein hochkomplexes Frachtsystem mit Spezialbereichen für »Sonderfälle« wie radioaktive Substanzen, »perishables« (Essen und Medikamente) oder eben Tiere. Flughäfen befinden sich seit Beginn des Jet Age in einem unauflösbaren Spannungsfeld. Einerseits müssen sie immer größere Massen an Fluggästen und Waren in kürzester Zeit abfertigen, gleichzeitig gibt es wohl kaum einen anderen Ort, der auf so engem Raum durch internationale und nationale Vorschriften derart umfassend reguliert und dadurch in den Betriebsabläufen gebremst wird. Um dennoch »im Fluss« bleiben zu können, setzen Flughäfen spätestens seit den 1960er Jahren auf eine massive Standardisierung, die in aller Regel mit dem Eindruck von Anonymität, Sterilität und Monotonie einhergeht.

Als Loriot 1976 den ersten einer ganzen Reihe von kurzen Fernsehsketchen realisierte, die später unter dem Titel *Alles über das Fliegen* zusammengefasst werden sollten, fand ein Teil der Dreharbeiten im erst vier Jahre zuvor eingeweihten Terminal Mitte (dem heutigen Terminal 1) des Frankfurter Flughafens statt. Die riesige, über einen eigenen Bahnhof direkt an den Zugverkehr angebundene Halle erfüllte seinerzeit in jeder Hinsicht modernste Standards. Ihre ostentativ auf strenge Funktionalität angelegte Architektur bot den idealen Hintergrund und Bühnenraum für den augenzwinkernd technophoben Entfremdungs-Slapstick, mit dem Loriot ein Publikum unterhielt, für dessen größten Teil das Fliegen seinerzeit gerade erst zu einer Normalität zu werden begann. Seit Anfang der 1980er Jahre wurden die Flughäfen dann schrittweise in Shopping-Zentren umfunktioniert. Spätestens mit Terminal 5 in London Heathrow, eröffnet 2002, war diese Entwicklung abgeschlossen. Seither präsentieren sich die Flughäfen

6 *Nachrichten vom Flughafen Rhein-Main*, Nr. 1/1, November 1950.

7 Annette Vowinckel, *Flugzeugentführungen: Eine Kulturgeschichte*. Göttingen: Wallstein 2011.

weltweit in einem monotonen Einheitslook: Es sind Shopping-Malls mit Flugsteigen.[8]

Der Ethnologe Marc Augé hat für diese besondere Umgebung den schlagenden Begriff des »Nicht-Orts« geprägt.[9] In dem gleichnamigen, 1992 veröffentlichten Essay wird damit zwar ein ganzes Ensemble von Orten bezeichnet, das mit der sich rasch ausbreitenden globalen Kommerzkultur der Nachkriegsjahrzehnte entstanden ist. Und doch überrascht es nicht, dass Augés Text nicht mit dem Blick auf Shopping-Zentren und Parkhäuser, sondern mit dem Gang eines Passagiers durch ein Terminal beginnt.

Der Video-Walk *The Passengers* spielt genau mit dieser Erfahrungsdimension. Die Teilnehmenden verbinden sich hier über charakteristische, wiederkehrende Elemente – Autovermietungen, Werbetafeln, Rolltreppen, Schächte, Blumenbeete – mit anderen Flughäfen. Allerdings ist es genau dieses Bild vom Flughafen als Nicht-Ort, das während des Rundgangs immer stärkere Risse bekommt. Denn die Frankfurter *Passengers* schlagen früh andere Wege ein: Statt sich wie bei Augé vom Ankunftsbereich über die Sicherheitskontrolle zum Gate zu begeben, biegt die Route ab und führt ins Hinterland der Terminals: in Parkhäuser, Seitenschächte, ins Freie und nicht zuletzt ins Umland. Die Flughäfen sind hier gerade nicht deckungsgleich mit dem Terminal, dem ikonischen Ort der Luftfahrt. Wo beginnt eigentlich der Flughafen und wo hört er auf? Im S-Bahnhof im Untergeschoss des Terminals oder in der DB Lounge am Hauptbahnhof, von wo aus sich die Frankfurter Passagiere auf den Weg begeben? In den Siedlungen rund um den Flughafen in Yaoundé, die man auf den Bildschirm eingespielt bekommt? Oder an den Raffinerien in Curaçao?

Die Umwelt der Infrastrukturen

Wenige Tage nach den Grenzschließungen im März 2020 erschienen in den Medien Berichte, nach denen in den Wäldern um den Frankfurter Flughafen eine Stille herrsche, wie man sie dort seit einem halben Jahrhundert nicht mehr gehört habe. Der Wald, so war zu lesen, klinge »mehr nach Natur«. Hämmernde Spechte, das Rauschen des Windes in den Blättern, Rascheln im Unterholz – eine Klangkulisse, die normalerweise vom ohrenbetäubenden Flugzeuglärm übertönt wurde. Die Wälder befanden sich in einem

8 Alain De Botton, *Airport. Eine Woche in Heathrow*. Aus dem Englischen von Bernhard Robben. Frankfurt: Fischer 2010.

9 Marc Augé, *Nicht-Orte*. Aus dem Französischen von Michael Bischoff. München: Beck 2010.

desaströsen Zustand. »Nur drei Prozent der Bäume im Stadtwald«, hieß es mit dem Verweis auf den neuesten Waldzustandsbericht in der *Frankfurter Rundschau*, »sind völlig gesund.«[10] Die Effekte des Klimawandels, an denen der Luftverkehr bekanntermaßen maßgeblich beteiligt ist, sind auch hier zu spüren. Sie äußern sich in extremen Wetterlagen, längeren Dürreperioden und einem sinkenden Grundwasserspiegel.

Auch vielen Menschen aus den angrenzenden Städten und Gemeinden bot der Lockdown Gelegenheit, die Frankfurter »Flughafenlandschaft«[11] neu zu erkunden, zu Fuß oder mit dem Fahrrad. Die Betreibergesellschaft war zum Einbahnbetrieb übergegangen, und die geschlossenen Start- und Landebahnen wurden auch in Frankfurt zu Flugzeugparkplätzen umfunktioniert. Die Maschinen warteten auf eine ungewisse Zukunft. Würden sie überhaupt noch gebraucht, oder landeten sie auf einem der sich füllenden Flugzeugfriedhöfe in Nordspanien oder Kalifornien? Würde das im Bau befindliche Terminal 3 überhaupt fertiggestellt werden? Der Frankfurter Flughafen versank im Frühjahr 2020 in einem Meer aus Kranichen der Lufthansa; am Zürcher Flughafen waren es Schweizer Flaggen auf den Heckflossen der Swissair-Maschinen. Zugleich häuften sich Berichte darüber, wie die Natur sich auf den zum Erliegen gekommenen Flughäfen ausbreitete. In Frankfurt verwendeten etwa Vögel aus den angrenzenden Wäldern die Ritzen und Spalten der geparkten Maschinen zum Nestbau.

»Bestimmte Qualitäten von Infrastrukturen werden überhaupt erst sichtbar, wenn sie zusammenbrechen«, schreibt die Ethnologin Susan Leigh Star, deren Arbeiten die neuere sozialwissenschaftliche Infrastrukturforschung stark geprägt haben.[12] Im Fall der Covid-Flughäfen war dies, neben der plötzlich geweckten Aufmerksamkeit für häufig vernachlässigte Formen der »einfachen« Arbeit (vom Putzpersonal bis zur Abfertigung), die oft merkwürdig erscheinende Flughafennatur. »Natur« wird üblicherweise als das Äußerliche von Infrastrukturen angesehen, tatsächlich aber haben sich Flughäfen im Laufe ihrer Geschichte intensiv mit ihr beschäftigt und sie, so weit wie möglich, in den Betriebsablauf integriert. So verfügt beispielsweise jeder Großflughafen seit der Zwischenkriegszeit über eine eigene meteorologische Station, um das regionale Wetter und Klima zu beobachten

10 *Der stille Frankfurter Wald*. In: *FR* vom 20. März 2020 (www.fr.de/rhein-main/stille-frankfurter-wald-13608271.html).

11 Sonja Dümpelmann, *Flights of Imagination: Aviation, Landscape, Design*. Charlottesville: University of Virginia Press 2014.

12 »The normally invisible quality of working infrastructure becomes visible when it breaks.« Susan Leigh Star, *The Ethnography of Infrastructure*. In: *American Behavioral Scientist*, Nr. 43, November 1999.

und zu erforschen (diese Stationen sind inzwischen längst in die internationalen Klimabeobachtungsnetze integriert). In Frankfurt beschäftigte die Flughafengesellschaft außerdem seit den frühen 1960er Jahren einen Förster, der für das Biotop-Management auf dem Gelände und in den angrenzenden Wäldern verantwortlich war. Zu seinem Aufgabenbereich gehörte es, die gefürchtete Kollision von Vögeln und Flugzeugen, den sogenannten Vogelschlag, zu verhindern. Inzwischen ist diese Stelle in einem Wildlife Control Team aufgegangen.[13]

Wer in der Nähe des Flughafens wohnt, ist mit dessen ökologischer Seite gut vertraut – wenn auch meist unfreiwillig. Seit den frühen 1960er Jahren, als die ersten Düsenmaschinen über das Rhein-Main-Gebiet dröhnten, wiesen die von den Auswirkungen des Luftverkehrs direkt Betroffenen wieder und wieder auf die verheerenden Folgen hin, vom Lärm über das verschmutzte Grundwasser und die kontaminierten Böden bis zu den zerstörten Habitaten. Manche der Betroffenen widmeten sich selbst der Naturbeobachtung. Die Widerstände kulminierten in der Startbahn-West-Bewegung der späten 1970er und frühen 1980er Jahre, in deren Zuge Unmengen an ökologischem »Gegenwissen«[14] in Form von Gutachten und Expertenstellungnahmen produziert wurden, um eine weitere Expansion des Flughafens zu verhindern. Die Startbahn-West-Bewegung war – aus umweltgeschichtlicher Perspektive – nicht nur eine Bewegung gegen den Flughafen und die Zerstörung seiner menschlichen und nichtmenschlichen Umwelt. Es war auch eine Bewegung gegen die schleichende Integration von Natur in die Betriebslogik des Flughafens. Die Betreiber der großen Hub-Flughäfen hatten zu diesem Zeitpunkt längst begriffen, dass sie die Natur nicht völlig aus dem Betriebsablauf hinaushalten konnten, und damit begonnen, in wissenschaftliche Forschung zu investieren, um beides besser aneinander anzupassen.

Die Umwelthistorikerin Sara Pritchard spricht in dem Zusammenhang von Infrastrukturen als »envirotechnical systems«, also Systemen, in denen Technik und Umwelt verschmelzen.[15] Während Infrastrukturen in den Träumen der Ingenieure stets als Objekte der reinen technischen Vernunft firmierten, sind sie in Wirklichkeit belebt und erzeugen multiple soziale, po-

13 Nils Güttler, *Nach der Natur. Umwelt und Geschichte am Frankfurter Flughafen*. Göttingen: Wallstein 2023.

14 Max Stadler / Nils Güttler / Niki Rhyner (Hrsg.), *Gegenwissen*. Zürich: intercom 2020.

15 Sara B. Pritchard, *Confluence: The Nature of Technology and the Remaking of the Rhône*. Cambridge / Mass.: Harvard University Press 2011.

litische und ökologische Spannungen. Mit der Ethnologin Anna Tsing kann man auch von sozioökologischen »Reibungen« sprechen, die entstehen, wenn verschiedene Skalen (*scales*) der Globalisierung – lokale, regionale, nationale und globale – an einem Ort aufeinandertreffen.[16] Begibt man sich außerhalb des Terminals und erkundet das Umland von großen Flughäfen, wird deutlich, wie engmaschig diese mit den sozialen und natürlichen Umwelten verwoben sind. Es war genau diese sozioökologische Qualität der Infrastrukturen, die im ersten Lockdown mit den Rissen im Raum auf neue Art erfahrbar wurde.

Andere Verbindungen

Auf dem Höhepunkt der Pandemie schienen die großen Flughäfen plötzlich ein Auslaufmodell. Die »gigantischen Kathedralen des Luftverkehrs« wirkten »nicht mehr zeitgemäß«, befand im Oktober 2020 der *Spiegel* anlässlich der Eröffnung des neuen Berliner Flughafens. »Der BER«, hieß es weiter, »könnte der letzte seiner Art sein.«[17] Nicht einmal ein Jahr zuvor, im Dezember 2019, war an gleicher Stelle noch eine Verdopplung der weltweiten Fluggastzahlen bis 2040 in Aussicht gestellt worden. War das enorme Wachstum des zivilen Luftverkehrs seit dem Zweiten Weltkrieg im März 2020 an ein Ende gekommen und mit ihm der entfesselte fossile Kapitalismus? Tauchte nun am Horizont eine emissionsneutrale Luftfahrt auf, eine Re-Regionalisierung der Mobilität und vielleicht sogar eine Art von Luftverkehr, wie wir sie noch gar nicht denken konnten?

Etwas über drei Jahre später ist von einer solch offenen Zukunft wenig übrig geblieben. Nicht, dass alles wieder wäre wie zuvor. Fliegen ist spürbar teurer geworden. Viele Airlines haben die Pandemie genutzt, um betriebsintern umzubauen, Beschäftigte zu entlassen oder sie bei geringerer Bezahlung in Subfirmen anzustellen. Die Lufthansa hat zudem rund die Hälfte der innerdeutschen Flüge gestrichen, was sich in den überfüllten Zügen der Deutschen Bahn täglich erleben lässt (inzwischen hat die Gesellschaft angekündigt, die Zahl der Verbindungen wieder erhöhen zu wollen). Andernorts nähert sich die Luftfahrt wieder den Vor-Corona-Jahren an. Das U.S. Bureau of Transportation Statistics berichtete im Mai 2023 von einem historischen Rekordwert bei der Zahl der Fluggäste. 81,8 Millionen

16 Anna Lowenhaupt Tsing, *Friction: An Ethnography of Global Connection.* Princeton University Press 2005.

17 Ulrike Knöfel / Andreas Wassermann, *Wie sieht der Flughafen der Zukunft aus?* In: *Spiegel* vom 29. Oktober 2020.

Personen im In- und Ausland hatten in diesem Monat amerikanische Airlines benutzt – das waren 0,5 Prozent mehr als im bisherigen Rekordmonat Januar 2020. In Frankfurt ist man dort noch nicht wieder angekommen. Im Jahr 2022 lag das Fluggastaufkommen bei rund 49 Millionen Passagieren, gegenüber 70,5 Millionen 2019 (die Luftfracht hat hingegen von der Pandemie sogar profitiert). Im ersten Halbjahr 2023 stiegen die Zahlen noch einmal um rund 27 Prozent. Es sieht zumindest so aus, als ob die erhoffte Wende im Mobilitätsverhalten trotz *flight shaming* und Zoom-Konferenzen ausgeblieben sei. In Frankfurt baut man weiter am neuen Großterminal 3.

Was machen wir also mit den Rissen im Raum? Sie nicht wieder zuzuspachteln wäre schon einmal eine Möglichkeit. Denn tatsächlich ist im Frühjahr 2020 ja vieles sichtbar geworden, über das sich nachzudenken lohnt. Rein akademisch betrachtet sind die Risse im Raum zunächst ein Indiz dafür, dass sich die Fortschrittsgeschichte von Infrastrukturen, die sich tief sowohl in die öffentliche Imagination als auch in geistes- und kulturwissenschaftliche Diskurse eingeschrieben hatte, so nicht mehr wird weitererzählen lassen. Tatsächlich formiert sich seit geraumer Zeit – und nicht erst seit der Corona-Pandemie – eine historische Infrastrukturforschung, die den Blick weg von der glitzernden Oberfläche der »Nicht-Orte« und hin zu »ganz normalen« Phänomen richtet, dem Alltag, der sich im Spannungsverhältnis zu den jeweiligen gesellschaftlichen und natürlichen Umgebungen ausgebildet hat.[18] Für Flughäfen gerät so zum Beispiel die Geschichte der Wartung und Instandhaltung oder der Arbeitsverhältnisse in den Blick, aber auch die Geschichte von Natur und Umwelt, von Flucht, Asyl und Obdachlosigkeit.

Die Risse im Raum haben aber durchaus auch direkte politische Implikationen. Eine davon wäre die bewusste Hinwendung zu den sozialen und ökologischen Umwelten, die für die Geschichte von Infrastrukturen so prägend waren. Genau genommen wäre es eine Rückwendung, denn diese Umwelten waren zu bestimmten Zeitpunkten einmal im Bewusstsein einer breiteren Öffentlichkeit. Was Protestbewegungen wie die gegen die Startbahn West auszeichnete, war ja gerade die Fähigkeit, Fragen der Politik und des Wissens aneinanderzukoppeln, um die ganz großen Probleme im Kleinen wiederzuerkennen. Gorleben, Wyhl, Brokdorf, Harrisburg, Tscher-

18 Andrew Russel/Lea Vinsel, *Hail the Maintainers*. In: *Aeon* vom 7. April 2016; James Vernon, *Heathrow and the Making of Neoliberal Britain*. In: *Past & Present*, Nr. 252/1, August 2021. Vgl. hierzu insbesondere den Tagungsbericht von Leontien Potthoff, *Alltagsgeschichten von Flughäfen*. In: *H-Soz-Kult* vom 15. Juni 2023 (www.hsozkult.de/conferencereport/id/fdkn-136801).

nobyl, Bhopal, das Wattenmeer, der Startbahn-Wald – wenn es ein Merkmal gibt, das für die Umweltbewegung und viele andere soziale Bewegungen der 1970er und 1980er Jahre typisch ist, dann ist es die Bestrebung, die globale Krise primär an einzelnen Orten und in bestimmten Regionen zu identifizieren, wo sie sich sozioökologisch wie unter einem Brennglas verdichtete. Stöbert man heute durch die Archive der sozialen Bewegungen, dann sticht einem diese Verbindung zwischen politischer Aktion und der Produktion und Zirkulation von »anderem« Wissen ins Auge, die in Zeiten von Klimakrise und Artensterben vielleicht relevanter ist als je zuvor.

Zugleich aber gibt es auch Unterschiede. Einer davon ist die Frage, inwieweit die Probleme vor der eigenen Haustür die globale Situation insgesamt widerspiegeln. »Die regionalen Konflikte werden in Zukunft dicht bei dicht liegen«, prophezeite beispielsweise noch recht pauschal ein Pfarrer aus dem Umfeld der Stadtbahn-West-Bewegung im Jahr 1982. Am Rand des Flughafens seien ihm und seinen Mitstreitern und Mitstreiterinnen »Zusammenhänge mit anderen Teilen der Erde auffällig« geworden: »Urwald im Amazonas, in Asien und Afrika wird zerstört. Die Menschen hier lernen zu begreifen, daß unser Problem ein Teilaspekt ist, und daß diese Auseinandersetzung erst beginnt.«[19] Ging es dem Wald südlich von Frankfurt nicht letztlich ähnlich wie dem Amazonas-Regenwald in Brasilien? Heute ist man mit solchen Kurzschlüssen sicherlich vorsichtiger. Natürlich bestehen auffällige Ähnlichkeiten zwischen den Infrastrukturlandschaften an unterschiedlichen Punkten des Globus. Doch unterscheiden sich die örtlichen Machtverhältnisse oft doch recht spürbar. Die Brutalität, mit der etwa auf Druck der Fraport in Porto Alegre ein ganzes Stadtviertel plattgemacht wurde, wäre in dieser Form selbst im arg gebeutelten Umland des Frankfurter Flughafens nicht vorstellbar.

Letztlich geht es also intellektuell wie politisch um die Frage, wie diese merkwürdigen Orte – die Flughäfen – miteinander zusammenhängen. Der Video-Walk *The Passengers* gibt darauf vielleicht keine Antwort, aber vermittelt zumindest eine Ahnung. Die Verbindungen zwischen den Orten erscheinen hier einerseits als sehr unmittelbar – durch Flugverbindungen, Technologie, Standardisierung, ein globales Netz an Unternehmen und Dienstleistern, aber auch durch eine bestimmte Ästhetik –,[20] andererseits sind sie sehr brüchig, fragil, zum Teil assoziativ, vor allem aber asymmetrisch.

19 *Interview mit Pfarrer Walter Boris*. In: Burckhard Kretschmann (Hrsg.), *Startbahn-West: Fotos & Interviews*. Selbstverlag 1982.

20 Jan von Brevern, *Kunst am Flughafen: Eine Annäherung in fünf Bildern*. In: *Merkur*, Nr. 828, Mai 2018.

Es sind Verbindungen, die man mit der Anthropologin Marilyn Strathern als »partial connections« beschreiben kann.[21] Sie sind partiell, weil sich »Welt«, so Strathern, immer fraktal aufbaut – zugleich mannigfaltig und in sich geschlossen. »Wir sind voneinander nicht so getrennt, wie wir glauben«, heißt es an einer Stelle des Video-Walks: »Es sind vielleicht keine Brücken, eher Konstellationen, durch die wir uns in ein Trümmerfeld unechter Handlungen hineingestellt sehen. In Konstellationen des Ähnlichen werden andere Konditionierungen der Räume imaginierbar.« Eigentlich muss man sich dafür die Risse im Raum nur etwas genauer anschauen.

21 Marilyn Strathern, *Partial Connections* [1991]. Walnut Creek: AltaMira Press 2004; dies., *Relations: An Anthropological Account*. Durham: Duke University Press 2020.

Helmut Draxler

Polarisierung und Ressentiment

*Ein Nachtrag zur Debatte**

In den letzten Jahren, insbesondere seit der Wahl von Donald Trump zum Präsidenten der USA im November 2016, ist im Rahmen der öffentlichen Debattenkultur ein Deutungsmuster hinsichtlich des Zustands der gesellschaftlichen Verhältnisse in den westlichen Demokratien auf besondere Resonanz gestoßen. Im Kern besagt es, dass wir in einer zutiefst gespaltenen Gesellschaft leben und dass sich diese zunehmende Polarisierung vor allem starken Ressentiments einzelner sozialer Gruppen gegeneinander verdanke. Inzwischen gibt es eine Reihe durchaus seriöser Publikationen, die die These vom Zusammenhang zwischen Polarisierung und Ressentiment aufnehmen und beanspruchen, diesen Zusammenhang im Sinne einer Erneuerung Kritischer Theorie besser zu verstehen und die Spaltung dabei gleichzeitig zu überwinden oder sogar zu heilen.[1]

Die meisten der aktuellen Beiträge leisten aus ihren jeweiligen philosophischen, psychologischen oder ökonomiekritischen Perspektiven heraus durchaus einiges an phänomenaler Klärung; sie scheinen mir jedoch die eigentliche Herausforderung zu verfehlen, die die Begriffe der Polarisierung und des Ressentiments sowohl für den zeitdiagnostischen Einsatz als auch für die kritische Reflexion selbst darstellen. Die nämlich bestünde darin, bei der Kritik am Ressentiment der Anderen zunächst von den je eigenen Res-

* Dieser Text basiert auf einem Vortrag, den ich am 24. September 2023 auf der 40. Jahrestagung der Gesellschaft für Psychoanalyse und Psychotherapie (GPP) in Würzburg gehalten habe. Mein Dank gilt den Mitgliedern der GPP, deren produktive Kommentare in die Überarbeitung eingeflossen sind.

1 Unter der Fülle an Publikationen beispielhaft: Wendy Brown, *In the Ruins of Neoliberalism. The Rise of Antidemocratic Politics in the West*. New York: Columbia University Press 2019; Cynthia Fleury, *Hier liegt Bitterkeit begraben. Über Ressentiments und ihre Heilung*. Aus dem Französischen von Andrea Hemminger. Berlin: Suhrkamp 2023; Rahel Jaeggi, *Modes of Regression: The Case of Ressentiment*. In: *Critical Times*, Nr. 5/3, 2022; Ezra Klein, *Why We're Polarized*. New York: Avid Reader Press 2020; Dirk Setton, *Politik des Übelnehmens. Ressentiment und Rechtspopulismus*. In: *Literaturwissenschaft in Berlin* vom 6. Oktober 2021 (literaturwissenschaft-berlin.de/politik-des-uebelnehmens/); Sjoerd van Tuinen, *The Dialectic of Ressentiment. Pedagogy of a Concept*. New York: Routledge 2024; Joseph Vogl, *Kapital und Ressentiment. Eine kurze Theorie der Gegenwart*. München: Beck 2021.

sentiments auszugehen.[2] Meines Erachtens dürfte insbesondere der Mangel an psychoanalytischen Einsätzen dafür verantwortlich sein, dass die psychopolitischen Spekulationen zumeist etwas oberflächlich bleiben und der je eigene Standpunkt auf seltsame Weise den diagnostizierten Verhältnissen enthoben zu sein scheint.

Polarisierung oder Polarität

Die These von der Polarisierung der Gesellschaft setzt neben der negativen Bewertung eines solchen Zustands stets auch logische, psychologische und soziale Dimensionen des Begriffs der Polarität selbst voraus. Bereits Hegel hat die Polarität klar von der Dualität beziehungsweise dem Antagonismus unterschieden. Während diese jeweils unversöhnliche und radikal unvermittelte Gegensätze anzeigen, bleiben die Gegensätze im Rahmen einer Polarität – also etwa warm/kalt, hell/dunkel, gesund/krank – stets aufeinander bezogen, wobei der jeweils eine Pol nicht ohne den anderen zu haben ist. Als ein logisches Problem betrachtet, wirft der Begriff der Polarität also die Frage auf, welche Differenzen überhaupt als Gegensätze aufgefasst und wie sie als solche gedacht werden können; ferner, ob die Gegensätze in den Dingen selbst liegen und somit von ontologischer Relevanz sind – oder ob sie sich den Strukturen unseres Denkens, Wollens und Fühlens verdanken.

Hinzu kommt, dass Polaritäten wie Dualismen Fragen sowohl nach dem, was zwischen ihnen liegt – dem Riss, dem Bruch oder der Differenz –, indizieren als auch nach ihrer möglichen Einheit oder Ganzheit. Eine solche kann wiederum als immer schon verlorene oder erst zu gewinnende Totalität aufgefasst oder eher im Sinne eines systemischen Zusammenhangs verstanden werden, als ein dynamisches System, dessen äußere Grenzen flexibel bleiben. Jeweils entsteht hier das Problem, wie zu einer wie auch immer verstandenen Einheit zu kommen sei, ob auf dem Weg von Ausgleich und Versöhnung oder auf dem Weg einer Konfrontation, wodurch der Gegenpol gleichsam weggesprengt werden soll, und schließlich ob eine Art von Dialektik der Aufhebung der Gegensätze vorstellbar wäre, wodurch wiederum ein Drittes, ein dritter Pol oder eine Synthesis ins Werk gesetzt werden könnte.

Die Übertragung dieser logischen Fragestellungen auf psychologische oder soziale Aspekte ist sicherlich nicht ganz einfach und doch, was die psychologische Dimension der Polaritäten betrifft, in vielerlei Hinsicht überzeugend. Die meisten affektiven Qualitäten beziehungsweise die ent-

2 Vgl. Karl Heinz Bohrer/Kurt Scheel (Hrsg.) *Ressentiment! Zur Kritik der Kultur.* Sonderheft *Merkur*, Nr. 665/666, Sept./Okt. 2004.

sprechenden psychischen Zustände wie Liebe und Hass, Neid und Gier, Stärke und Schwäche, Autonomie und Abhängigkeit oder das Manische und das Depressive lassen sich nur in ihrer Bezogenheit aufeinander sinnvoll begreifen. Die relationale Psychoanalyse geht dementsprechend von einer bipolaren psychischen Strukturbildung aus, wobei diese Strukturbildung durch Delegationsakte, also durch Projektionen auf andere und durch Introjektionen von anderen, weit in das biopsychosoziale Feld hineinreicht.[3] Und doch gibt es durchaus psychische Momente, bei denen die bipolare Zuordnung schwerfällt, etwa bei der Angst oder eben auch beim Ressentiment. In beiden Fällen lässt sich kaum ein eindeutiger Gegenbegriff finden.[4]

Auch auf der sozialen Ebene haben wir es vielfach mit polaren Verhältnissen etwa zwischen Männern und Frauen, Jungen und Alten, Reichen und Armen, Weißen und People of Colour zu tun. Gesellschaft definiert sich erst über derartige Unterschiede und wirft mithin immer schon die Frage auf, wie diese Unterschiede verstanden werden sollen. Im politischen Diskurs dominieren Bestimmungen, die eher an Dualismen oder Antagonismen denn an Polaritäten orientiert sind beziehungsweise werden, die Polaritäten gerne als Antagonismen interpretieren, was die je eigene Positionierung und Durchsetzungsfähigkeit im sozialen Feld erleichtert. Die Interpretation von gesellschaftlichen Polaritäten im Sinne von »wirklichen Extremen«[5] oder nach dem Muster von Freund und Feind lässt die These zunehmender gesellschaftlicher Polarisierung plausibel erscheinen, obwohl gerade jede kon-

3 Zur relationalen Psychoanalyse vgl. Martin Altmeyer/Helmut Thomä (Hrsg.), *Die vernetzte Seele. Die intersubjektive Wende in der Psychoanalyse*. Stuttgart: Klett-Cotta 2006; *Existent werden im bio-psycho-sozialen Feld. Ein Gespräch zwischen Wolfgang Trauth und Helmut Draxler*. In: *Texte zur Kunst*, Nr. 68, Dezember 2007.

4 Lacan hat deshalb die Angst zu einer Art von Grundaffekt gemacht, der durch alle sozial-symbolischen Codierungen, mithin alle bipolaren Verhältnisse, hindurchbreche und das, was Lacan »das Reale« nennt, zutage bringe. Hierbei handle es sich nicht um eine Realangst im Sinne Freuds, sondern eher, von Kierkegaard her gedacht, um eine Existenzialangst, die sich insbesondere in der Psychose oder im Trauma in ihrer katastrophischen Dimension zeige. Die Spaltung wird hier zu einem letztlich unaufhebbaren und grundlegenden Seinsmodus vor jeder gesellschaftlichen Symbolisierung. Und die Frage wäre, ob sich von hier aus die Spaltung von Spaltung und Kommunikation selbst thematisieren lässt. Jacques Lacan, *Die Angst: Das Seminar, Buch X*. Aus dem Französischen von Hans-Dieter Gondek. Wien: Turia + Kant 2013.

5 Marx spricht in der *Kritik der Hegelschen Rechtsphilosophie* von 1843/44 von »wirklichen Extremen«, die »nichts miteinander gemein« hätten; »sie verlangen einander nicht, sie ergänzen einander nicht. Das eine hat nicht in seinem eigenen Schoß die Sehnsucht, das Bedürfnis, die Antizipation des Anderen.«

krete soziale Zuordnung zu eindeutig antagonistischen Klassen zunehmend schwer fällt. Auch scheint es einen bestimmten Deutungsspielraum selbst bei antagonistischen Verhältnissen zu geben, etwa ob sie nicht doch – wie im Fall von Herr und Knecht[6] – in Anerkennungsprozessen aufeinander angewiesen bleiben, und vor allem auch eine Vielfalt an Verhältnissen, etwa der Kapitalisten untereinander, die in einem polaren oder »agonalen« Verhältnis zueinander stehen im Gegensatz zum antagonistischen Verhältnis zwischen Kapitalisten und Proletariern.[7]

Es könnte also, zumindest in einem linksliberalen Verständnis, durchaus darum gehen, soziale Konflikte zu entschärfen, indem man sie »polarisiert« oder agonalisiert. Polarisierung wie Agon wären hier positive Begriffe, die erlauben, soziale Differenzen als Gegensätze anzuerkennen und doch aufeinander zu beziehen und somit die positive Dimension des Konflikts in das gesellschaftliche Gefüge einzuschreiben. Es gibt jedoch zweifellos soziale Verhältnisse, die man in diesem Sinn nicht einfach polarisieren kann, wenn etwa der Gegner auf die eigene Entwertung, Ausbeutung oder gar Auslöschung abzielt, und ebenso lassen sich Verhältnisse benennen, bei denen die Differenzen als sinnvolle soziale Unterscheidungen infrage stehen, etwa bei den arbiträren körperlichen Merkmalen wie Hauttönen oder Haarfarben, Größe oder Gewicht.

Das heißt, die These von der Polarisierung der Gesellschaft muss zumindest korrigiert werden. An Polarisierung wäre nur bedingt etwas auszusetzen; in gewissem Sinn stellt sie sogar die Voraussetzung jeder Gesellschaft dar. Erst wenn an sich harmlose oder sozial bedeutungslose Unterschiede polarisiert werden oder wenn sich die Polarisierung hin zu strikt dualistisch verstandenen Gegensätzen verhärtet, gibt es ein Problem für die Funktionsweisen von Gesellschaft. Doch gerade die dominanten Funktionsweisen von Gesellschaft infrage zu stellen, kann für einzelne soziale Gruppen durchaus notwendig und für das Überleben von Gesellschaft insgesamt entscheidend sein. Polarisierung muss dementsprechend sowohl als ermöglichend als auch als einengend verstanden werden.

6 Die geläufige englische Übersetzung von Herr und Knecht als »master and slave« verwischt genau diese Differenz, dass der Herr zum Knecht in einem polaren, der Sklavenhalter zum Sklaven jedoch in einem antagonistischen Verhältnis steht. Der Herr braucht die Anerkennung des Knechts, um Herr zu sein, der Sklavenhalter braucht diese Anerkennung nicht, weil der Sklave ja sein Eigentum und somit gar nicht anerkennungsfähig ist.

7 Vgl. Chantal Mouffe, *Agonistik. Die Welt politisch denken.* Aus dem Englischen von Richard Barth. Berlin: Suhrkamp 2014.

Weder scheint mir ihre vollkommene Auflösung sinnvoll zu sein – so wie wir sie aus den reinen Differenz-Diskursen im Gefolge des Poststrukturalismus und deren politischen Anverwandlungen kennen[8] – noch ihre Verankerung in einer streng dualen (»wirkliche Extreme«) oder auch triadischen Struktur im Sinne eines psychosozialen Gesetzes.[9] Jeweils ginge die konstitutive Funktion des Polaren verloren, wie es mir entscheidend für die Kategorie der Gesellschaft selbst zu sein scheint. Es würde also darum gehen, die Polarität anstatt zu einer dogmatischen These überhaupt erst zu einem politischen Begriff zu machen und somit die Spezifik dieses Begriffs in ein ebenso reflexives wie produktives Verhältnis zu den jeweiligen politischen, kulturellen oder analytischen Einsätzen zu setzen.

Die Verschiebung im Ressentiment

»Ressentiment« bezeichnet laut Duden eine »auf Vorurteilen, einem Gefühl der Unterlegenheit, Neid o. Ä. beruhende gefühlsmäßige, oft unbewusste Abneigung« gegenüber anderen. Dieser allgemeine Definitionsversuch verkennt die konstitutive Unschärfe des Begriffs, die Max Scheler schon 1912 von dessen Unübersetzbarkeit hat sprechen lassen, und die erst die performative Dimension im Sinne von polemischen beziehungsweise psychopolitischen Gebrauchsweisen hat hervortreten lassen. In seiner *Genealogie der Moral* von 1887 hatte Nietzsche gerade dieses schillernde Bedeutungsspektrum sehr pointiert einzusetzen gewusst; Scheler und Max Weber sind ihm darin nur insoweit gefolgt, als sie daraus wiederum systematisierend einen philosophisch-anthropologischen oder auch soziologischen Grundbegriff zu machen versuchten. Psychodynamisch ist der Begriff jedoch bis heute wenig reflektiert worden. Er scheint mir zumeist eher eine psychopolitische Schablone darzustellen, die auf unterschiedliche Konfliktfelder leicht zu projizieren ist, als einen klaren, in den Mechanismen seines Gebrauchs nachvollziehbaren, psychoanalytischen Begriff.[10]

8 Reine Differenz scheint mir schlicht nicht denkbar zu sein, weil Differenz nur als Differenz zu etwas, etwa Identität oder Bestimmung, zu haben ist. Dieses Andere der Differenz ist zwar philosophisch seit Heidegger vielfach reflektiert worden, wird aber in den politisierten Diskursformaten gerne ausgeblendet.

9 Im Sinne jenes Gesetzes der Exogamie bei Lévi-Strauss, des Gesetzes des Vaters oder des Signifikanten, von denen der Lacan der 1950er Jahre spricht.

10 Freud kannte zweifellos Nietzsches Text – die Spuren seiner Lektüre der *Genealogie der Moral* sind in der gesamten Kulturtheorie unübersehbar – und auch mit Max Schelers *Das Ressentiment im Aufbau der Moralen* (1912) war er vertraut. Deshalb stellt sich die Frage, warum das Ressentiment dennoch keine zentrale

Was nun die heutigen Gebrauchsweisen des Begriffs von seiner Geschichte von Nietzsche bis in die frühen 2000er Jahre hinein unterscheidet, ist eine eigentümliche politische Verschiebung von links nach rechts. Denn bei Nietzsche sind es die asketischen Ideale der jüdischen Priesterreligion, das christliche Liebesgebot und schließlich – in dieser Traditionslinie – die modernen, also linken Gleichheitsideale, in denen sich das Ressentiment verdichtet; Scheler versuchte demgegenüber die christliche Liebe zu verteidigen, um nur umso stärker das, was er die moderne »allgemeine Menschliebe« nennt, unter generellen Ressentiment-Verdacht zu stellen. Und noch im Sonderheft des *Merkur* von 2004 wird mit einer gewissen Selbstverständlichkeit davon ausgegangen, dass der zentrale Text des modernen Ressentiments die *Dialektik der Aufklärung* von Adorno und Horkheimer sei, also eines der kultur- und kapitalismuskritischen Hauptwerke der westlichen Linken.

Heute hingegen scheint bei all den bereits genannten Autorinnen und Autoren wie Wendy Brown, Cynthia Fleury, Rahel Jaeggi, Dirk Setton, Sjoerd van Tuinen oder Joseph Vogl Einigkeit darüber zu bestehen, dass das Ressentiment auf der rechten Seite des politischen Spektrums zu verorten sei: bei den Wutbürgern, Querdenkern, Reichsbürgern und Kapitol-Stürmern, bei Pegida und der AfD, mithin bei allen rechtspopulistischen Parteien und Gruppierungen. Und wenn eine angebliche Linke wie Sahra Wagenknecht sich hier einmische, dann deshalb, weil sie »Ressentimentbewirtschaftung« betreibe.[11] Ressentiment wird in diesen Diagnosen zum Inbegriff von Unvernünftigkeit und Irrationalität, zum blockierten Ausdruck von systemisch begründeter Benachteiligung, während man selbst wie selbstverständlich im Namen von Vernunft, Moral, gutem Willen und vor allem im vollen Bewusstsein der eigenen Absichten agiert, um die anderen von ihren Verirrungen zu überzeugen. Leider kann eine solche Argumentationsweise weder für die klassischen Ressentiment-Theoretiker noch für psychoanalytisch geschulte Ohren besonders überzeugend klingen.

Wie aber konnte es überhaupt zu dieser Verschiebung kommen? Und auch zu einer geradezu gegensätzlichen Charakterisierung von Phänomenen unter demselben Begriff? Was sagt uns das über den Begriff selbst, aber

psychoanalytische Kategorie geworden ist. Aus allzu großer Nähe vielleicht, wie einige Nietzscheaner immer wieder behaupten, also aus Ressentiment, weil Nietzsche der eigentliche Begründer der Psychoanalyse sei und nicht Freud. Hinsichtlich der triebtheoretischen Begründung der Psychoanalyse spricht einiges für diese These; Psychoanalyse ist jedoch zweifellos mehr als das. Oder doch aus guten psychoanalytischen Gründen? Das ist die für mich entscheidende Frage.

11 So Oliver Nachtwey, *Sahra Wagenknechts Projekt. BRD noir*. In: *FAZ* vom 18. September 2023.

auch über den Zustand gesellschaftlicher Polarisierung, den er beschreiben soll? Ist das Ressentiment tatsächlich der Grund für die gesellschaftliche Polarisierung, oder polarisieren wir die Gesellschaft, weil wir selbst vielleicht zu stark in Kategorien des Ressentiments denken beziehungsweise das Ressentiment ein bestimmtes Moment jedes Denkens kennzeichnet, das zu Vereinfachung und Ausblendung der je eigenen Motivationshorizonte neigt? Wie können wir hier mehr Klarheit und vielleicht sogar einen Standpunkt der Beurteilung erlangen?

Voraussetzung hierfür scheint mir zu sein, den Begriff des Ressentiments in seinen Gebrauchs- und Funktionsweisen genauer zu rekonstruieren. Hierfür möchte ich fünf Punkte unterscheiden, die mir zumindest die Richtung für eine solche Rekonstruktion anzugeben erlauben. Punkt eins: Das Ressentiment ist nicht einfach ein spezifischer emotionaler Zustand oder ein Affekt, sondern zuallererst ein grundlegender Komplex an vornehmlich negativen Gefühlen: Wut, Angst, Neid, Groll, Ärger, Übelnehmen, Missgunst, Hass oder Empörung greifen zumindest auf der phänomenalen Ebene immer schon ineinander. Entscheidend ist, zweitens, die Tiefe dieses Gefühlskomplexes: Im Englischen kennt man etwa den Begriff des *resentment*, den man im Sinne eines Grolls durchaus auch gegen die Liebsten haben kann, wenn man sich ungerecht behandelt fühlt. Aber ein *resentment* ist kein Ressentiment: Denn dieses scheint die gesamte Persönlichkeit oder auch die soziale Gruppe, der man sich zugehörig fühlt, in Beschlag zu nehmen und auf Dauer ausgerichtet zu sein. Ein *resentment*/ein Groll mag sich verflüchtigen, ein Ressentiment nicht; es steigert sich für gewöhnlich sogar mit seiner Dauer.

Drittens sind diese affektiven Momente darüber hinaus mit einer bestimmten Art von Motivation beziehungsweise einer Rationalisierung und Rechtfertigung der je eigenen Motivation verbunden. Das heißt, das Ressentiment tritt in erster Linie als eine Reaktion auf ein vermeintliches oder auch real erlittenes Unrecht, als Umkehrung eigener Ohnmachts- oder Ungerechtigkeitserfahrungen im Sinne von Vergeltung oder Rache auf. Bereits Scheler betonte diesen spezifisch modernen Charakter des Ressentiments. Es ist erst der Anspruch auf Freiheit und Gleichheit, der die alltägliche Erfahrung von Unfreiheit und Ungleichheit so demütigend macht, dass er starke affektive Reaktionen einzufordern scheint, in denen die Ideale selbst als korrumpiert erscheinen.[12] Für vormoderne Gesellschaften ist die Ungleichheit kein be-

12 Die eigene Rechtfertigung geht zumeist Hand in Hand mit einer Entwertung der gegnerischen Werte. Die in der Ressentiment-Literatur immer wieder zitierte antike Fabel vom Fuchs, für den diejenigen Trauben, die er nicht erreichen kann,

sonderes Problem, weil sie in einer quasi natürlichen oder sakralen Ordnung verankert ist. Heute hingegen gibt es keinen sicheren, vorgegebenen sozialen Ort, und man muss sich ständig mit anderen vergleichen. Erst im Vergleich empfindet man sich selbst als diskriminiert und den anderen als privilegiert. In dieser Konstellation sind grundsätzlich alle diskriminiert, auch die Privilegierten, weil sie sich stets an noch Privilegierteren messen müssen.[13]

Das heißt, viertens, das Ressentiment ist ein wesentlich soziales Gefühl: Man hat es nicht nur niemals alleine; es scheint der Introspektion gar nicht zugänglich zu sein. Denn »Ressentiments haben immer nur die anderen«. Dieser Vorgang, nämlich etwas bei anderen leicht zu erkennen, aber niemals bei sich selbst, den Karl Heinz Bohrer und Kurt Scheel an den Anfang ihrer Überlegungen von 2004 stellten, ohne ihn systematisch auszuarbeiten, wird in der Psychoanalyse als das interpersonale Delegationsgeschehen beschrieben. Die Zuweisung eigener Anteile an andere, das Mitleben und Miterleben bei anderen, das man sich selbst versagt und dabei idealisiert oder auch dämonisiert. Was wiederum zur Folge hat, dass man das je eigene Ressentiment nicht erkennt.[14]

Und schließlich ist, das wäre der fünfte Punkt, die wichtigste Bestimmung des Ressentiments nicht mit einer reinen Phänomenologie negativer Affekte zu fassen, sondern nur mit Blick auf eine Art von Sublimierung, zu der diese negativen Gefühle zu neigen scheinen. Sublimierung kann hier jedoch nicht im Sinne einer Verfeinerung von Triebenergien verstanden werden, sondern als ein qualitativer Umschlag. Wenn Nietzsche den Priester den »Richtungs-Veränderer« des Ressentiments nennt, dann spricht er eine solche Umwertung der Werte an. Das heißt, das Ressentiment ist dort am stärksten, wo wir es nicht als ein solches erkennen können, wo es sich in den Formen der Askese, der Liebe, der Sympathie, des Mitleids, des Engagements für die moralisch gute Sache verbirgt. Das war ja Nietzsches und Schelers entscheidender Punkt. In deren Sicht sind diese positiven Affekte, moralischen Gefühle oder Ideale nichts anderes als Überformungen der negativen Affekte; sie stellen hierzu keine wirklichen polaren Gegenbegriffe dar, sondern

schlicht sauer sind, macht dies deutlich. Zur Intensität solcher Entwertungen vgl. Léon Wurmser, *Die Maske der Scham. Die Psychoanalyse von Schamaffekten und Schamkonflikten*. Übersetzt von Ursula Dallmeyer. Magdeburg: Klotz 2010.

13 Die kompetitive Implikation der Gleichheit ist insbesondere von Louis Dumont hervorgehoben worden. Vgl. Louis Dumont, *Individualismus. Zur Ideologie der Moderne*. Übersetzt von Una Pfau. Frankfurt: Campus 1990. Daran anschließende Formulierungen finden sich bei Vogl und van Tuinen.

14 Vgl. Stavros Mentzos, *Interpersonale und institutionalisierte Abwehr*. Frankfurt: Suhrkamp 1988.

bloß Fassaden, hinter denen sich die negativen Affekte umso ungehemmter ausbreiten können.

Wir haben es hier nicht einfach mit Sublimierungen des Negativen zu tun, sondern mit einer Art von negativer Sublimierung. Denn diese Umformungen beziehungsweise Sublimierungen verwandeln das Negative nicht; sie sind zwar durchaus kreativ, allerdings in erster Linie in dem Sinn, dass ihr »Gift« umso wirksamer ist, je weniger es als ein solches erkennbar ist. Sie verbreiten das Gift der Moral im gesunden Volkskörper, so könnte man dies in seiner brutalen Konsequenz paraphrasieren.

Ein akutes Moment der Selbstreflexion

In allen diesen Punkten zeigt sich, dass das Ressentiment als ein reines Phänomen schwer zu fassen ist. Es scheint immer schon mit Interpretationen Hand in Hand zu gehen, die alles andere als wertfrei zu verstehen wären. Ganz offensichtlich ist bei Nietzsche und der Tradition der rechten Ressentiment-Kritik die Interpretation selbst bereits äußerst ressentimentgeladen. Im christlichen Liebesgebot oder in den modernen Gleichheitsidealen nichts als die sublimste Form des Hasses auf das Recht des souveränen Selbstausdrucks einzelner Herren zu sehen, zielt auf eine totale Entwertung dieser Ideale und stellt deswegen wohl eher eine politisch motivierte Aussage dar als einen tatsächlichen Erkenntnisgewinn.

Doch auch die linksliberale Ressentiment-Kritik, die in den Ausdrucksformen der Rechten nichts als einen fehlgeleiteten, blockierten Gefühlsstau erkennen mag, den zu lösen oder gar zu heilen sie sich aufgerufen fühlt, verkennt die realen Benachteiligungen, die eigenen Privilegien und vor allem die inneren Widersprüche der je eigenen Argumentation. Die bloße Aneinanderreihung antiemanzipatorischer Affekte lässt den eigenen Standpunkt im Sinne einer eindeutig emanzipatorischen Position erscheinen, ohne die vielfach quer zu solchen Zuordnungen stehenden realen Herrschaftsverhältnisse zu beachten.[15] Ohnehin scheint es mir problematisch zu sein, ein eindeutig rechtes Deutungsmuster derart unreflektiert zu übernehmen. In jedem Fall wird von beiden Seiten aus die dem Ressentiment zugrunde liegende Selbst-

15 Wenn etwa »the rise of antigender, antimigrant, antiegalitarian, antidemocratic, homo- and transphobic, and masculinist as well as anti-Semitic and anti-Muslim sentiments« (bei Jaeggi) oder »rage against ›political correctness‹ and ›social justice,‹ social democracy, and even formal inclusion and equality« (bei Brown) als entscheidende Kennzeichen einer ressentimentgetriebenen »vital energy of right-wing populism« angegeben werden, dann verschwinden alle möglichen Konfliktlinien zwischen diesen Bestimmungen.

täuschung jeweils den anderen zugeschrieben, während man selbst in der Position der Souveränität und des kritischen Durchblicks verbleibt.

Es gibt also durchaus gute Gründe, dass die Psychoanalyse auf den Begriff des Ressentiments weitgehend verzichtet hat.[16] Vereinzelt gibt es zwar auch Vorschläge, wie man psychoanalytisch auf das Ressentiment reagieren könnte. So hatte etwa Jürgen Körner vorgeschlagen, auf Ressentiments möglichst nicht mit Gegenressentiments zu antworten.[17] Cynthia Fleury möchte hingegen die individuelle, therapeutische Praxis mit den demokratischen Prozeduren zur Eindämmung des Ressentiments in Zusammenhang bringen, ein Projekt, das auf Generationen hinaus angelegt sein müsste, um die Bitterkeit letztlich begraben zu helfen.

Doch solche für viele Situationen durchaus angemessenen Vorschläge übergehen das Problem, das das Ressentiment für jede Vorstellung von Therapie oder Heilung aufwirft, weil es genau in einer solchen Vorstellung von Heilung selbst verborgen liegen kann. Denn wer heilt hier wen, wer maßt sich Heilung an, wer sind die, die geheilt werden oder die dem Heil zugeführt werden müssen? Und zweifellos gibt es eine Art von authentischem Ressentiment, das wohl besser nicht »geheilt« werden sollte, wie es etwa Jean Améry in den 1960er Jahren angesichts betulicher Vergangenheitsbewältigungsversuche kultiviert hat.[18]

Dieses Problem lässt sich nur adressieren, wenn wir weder die linksliberale noch die rechte Variante der Ressentiment-Kritik einnehmen, sondern versuchen, diese Varianten selbst in ihrer Polarität zu begreifen. Das heißt nicht, einen Kompromiss zu suchen, sondern bloß zu verstehen, wie sich das Ressentiment in einer solchen, stets bereits vorausgesetzten Polarität oder gar Dualität als Argumentationsmuster überhaupt erst entwickeln konnte. Diese spezifische historische Form einer politischen Polarisierung – im Wesentlichen von links und rechts – zu adressieren, bedeutet jedoch nicht, dass wir darüber erhaben wären.

Ganz im Gegenteil scheint sie mir zu einer Positionierung in diesem Konfliktfeld zu zwingen. So kann es etwa aus meiner Sicht gar keine wirklich rechte psychoanalytische Positionierung geben; das wäre dann eben keine

16 Möglicherweise ist es der Wiederholungszwang und damit der Todestrieb, der bei Freud seit *Jenseits des Lustprinzips* (1919) die Stelle des Ressentiments eingenommen hat – jenseits der Polarität von Lust und Unlust.

17 Jürgen Körner, *Ressentiments und Gegenressentiments*. In: Sonderheft *Merkur*, Nr. 665/666, Sept./Okt. 2004.

18 Zum Ressentiment bei Améry vgl. Ryan Crawford, *Die ausgebliebene Revolution: Jean Améry*. In: Burkhard Liebsch (Hrsg.), *Geschichtskritik nach ›1945‹. Aktualität und Stimmenvielfalt*. Hamburg: Meiner 2023.

Psychoanalyse mehr. Eine solche Positionierung vorzunehmen kann wiederum nur heißen, dass man sich selbst als immer schon Teil der Auseinandersetzung und des Delegationsgeschehens um das Ressentiment versteht. Anstatt zu beanspruchen, die anderen zu heilen, müsste man sich allerdings zuallererst der Unvermeidbarkeit der eigenen Ressentiments stellen, auf die man nicht objektivierend von außen blicken kann. Das Ressentiment ist Teil der modernen Welt; es schreibt sich tief in deren symbolische Prozeduren und Strukturen ein: auf der Ebene des Individualismus und der damit einhergehenden kompetitiven Vergleichbarkeit, aber auch auf der Ebene der Kollektivität, der Zugehörigkeit zu Gruppen, Klassen oder territorialen Einheiten – und somit auf der Ebene eines jeden Denkens, Fühlens und Wollens. Gerade weil sich an ihm eher symptomatisch denn analytisch durchaus etwas zeigt, was wir weder hinnehmen noch abschaffen können, scheint es mir der analytischen Reflexion zu bedürfen.

Das heißt, wenn der Vorstellungskomplex des Ressentiments tatsächlich etwas anderes als die totale Entwertung aller Werte anzeigen soll, dann muss er erst noch ein psychoanalytischer Begriff werden. Ein solcher Begriff wäre die entscheidende Voraussetzung für das, was Psychoanalyse für Kritische Theorie heute leisten kann: ein akutes Moment der Selbstreflexion, das erst darüber entscheiden lässt, was eine solche Positionierung als kritisch oder eben als links überhaupt heißen kann.

Dem Schwinden ihrer Heilsgewissheit kann die Linke immer noch das Bewusstsein für die akute Problematik sozialer, kultureller oder ökonomischer Verhältnisse entgegensetzen. Anstatt Lösungsgewissheiten für die anderen zu verkünden oder auch gänzlich authentisch im eigenen Ressentiment zu werden, ginge es dementsprechend darum, das Dilemma, für das das Ressentiment steht, anzunehmen; also weder Askese oder reine Menschenliebe zu predigen noch den ultimativen Selbstbezug des Genießens, sondern das eigene Genießen mit dem der anderen in Abstimmung zu bringen. Ansonsten hätte Gleichheit tatsächlich keinen Wert.

Leon Birck

Freie Fahrt für freie Volksgenossen

Bis zum Horizont nur Straße, kein Auto. Auf der Autobahn Kinder, die mit ihren Rollschuhen freudig strahlend über den glatten Asphalt gleiten. In der Innenstadt tummeln sich Fußgänger und Fahrradfahrer auf den Straßen. Mancherorts traben Pferde über den Asphalt der Landstraßen und kutschieren fröhliche Familien in nahegelegene Ausflugslokale. Es ist ein romantisch-gemütlicher Platz, den die autofreien Sonntage im November und Dezember 1973 rund fünfzig Jahre später im kollektiven Gedächtnis der Bundesrepublik eingenommen haben. Der Anlass war weniger erfreulich: Nach dem Beginn des Jom-Kippur-Kriegs am 6. Oktober 1973 hatten die OPEC-Staaten die Ölfördermenge reduziert und ein Embargo gegen die Unterstützer Israels verhängt. Der Ölpreis war in die Höhe geschnellt und sollte sich in der Zeit zwischen Oktober und Dezember 1973 vervierfachen.[1] Im Wirtschaftswunderland war erstmals von der »Energiekrise« die Rede, mit den Fahrverboten wollte die Regierung Öl einsparen.

Als das erdöl- und gasreiche Russland 2022 die Ukraine angriff und die Energiepreise rasch stiegen, waren die geopolitischen Koinzidenzen greifbar. Nicht nur Greenpeace bemühte die kollektive Erinnerung und forderte sonntägliche Fahrverbote. Auch Markus Duesmann, ehemaliger Vorstandsvorsitzender von Audi, verwies in einem Interview mit der *Süddeutschen Zeitung* auf die Ölkrise und zog es in Betracht, sich fortan sonntags auf sein Rennrad statt in seinen Audi zu schwingen. Nur beiläufig ließ er sich mit den Worten wiedergeben, dass auch ein Tempolimit ein »hilfreiches Symbol« sein könnte, das in seiner Wirksamkeit von den während der Ölkrise angeordneten Fahrverboten jedoch übertroffen werde.[2]

Persönliche und kollektive Gedächtnisse sind selektiv. Dass die Brandt-Regierung neben den autofreien Sonntagen in der gleichen Verordnung mit Tempo 80 für Landstraßen und Tempo 100 für Autobahnen die weitreichendsten Geschwindigkeitsbegrenzungen in der Geschichte der Bundesrepublik anordnete, gehört wohl eher zur verdrängten Vergangenheit. Dabei wäre diese temporäre Beschränkung beinahe der Ausgangspunkt einer dauerhaften Geschwindigkeitsbegrenzung auf deutschen Autobahnen geworden, wollte die Bundesregierung doch angesichts eines Rückgangs der

1 David S. Painter, *Oil and Geopolitics: The Oil Crises of the 1970s and the Cold War*. In: *Historical Social Research*, Nr. 39/4, 2014.

2 *Audi-Chef befürwortet autofreie Tage*. In: *SZ* vom 26. Oktober 2022.

Zahl der Getöteten und Verletzten um 61 Prozent ein dauerhaftes Tempolimit einführen,[3] das – als Kompromissangebot für die CDU/CSU – zwar nicht bei 100, aber immerhin bei 130 Stundenkilometern liegen sollte. Dass die Begrenzung nach 111 Tagen doch wieder ganz abgeschafft wurde, ist nicht nur, aber auch das Ergebnis einer geschickten Kampagne des ADAC. Als die Pläne für ein dauerhaftes Tempolimit im Februar 1974 an die Öffentlichkeit drangen, machte der Automobilclub erfolgreich dagegen mobil. Unter anderem verteilte er eine Million Aufkleber mit dem Slogan »Freie Bürger fordern freie Fahrt«. Die Resonanz war enorm. Die Autofahrer beklebten ihre Wagen, trugen die Unzufriedenheit mit den Plänen der Bundesregierung auf die Straßen und sicherten der Formel von der freien Fahrt auf diese Weise bis heute einen festen Platz am Stamm- und Kabinettstisch.

Nirgendwo ist die Frage nach dem rechten Maß an Geschwindigkeit so eng mit der nach dem rechten Maß der Freiheit verknüpft wie hierzulande. Wohl deshalb ist Deutschland das einzige Land der Welt, in dem auf Autobahnen aufgrund des Straßenzustands so schnell gefahren werden kann und zugleich aufgrund der rechtlichen Regelung so schnell gefahren werden darf, wie man will.[4]

Start im Trab

Das war keineswegs immer so. Über lange Zeit war die Geschichte der Geschwindigkeit vielmehr eine Reglementierungsgeschichte. Das bekam schon der Erfinder des Automobils zu spüren. Ab 1893 durfte Carl Benz seine Heimatstadt Mannheim innerorts nur noch mit einer Geschwindigkeit von 6 Stundenkilometern passieren, außerorts galt eine allgemeine Geschwindigkeitsbegrenzung von 12 Stundenkilometern. Machte der Automobilist eine größere Spritztour, musste er eine Vielzahl unterschiedlicher Regelungen beachten, denn es waren die Städte und Gemeinden, die durch ortspolizei-

3 *Bericht über die 402. Sitzung*. In: Bundesrat-Protokoll 402/74 vom 8. März 1974. Der Rückgang ergibt sich aus einem Vergleich des Januars 1973 mit dem tempobeschränkten Januar 1974.

4 Zu dem komischen Versuch, die fehlende Geschwindigkeitsbegrenzung in Deutschland durch den Hinweis zu verteidigen, dass – anders als von Befürwortern des Tempolimits behauptet – in Nordkorea und Afghanistan keine freie Fahrt möglich sei und Deutschland folglich nicht an der Seite dieser Schurkenstaaten stehe, vgl. Gregor Hebermehl, *Die Wahrheit übers Tempolimit – in aller Welt*. In: *Auto Motor und Sport* vom 23. September 2021 (www.auto-motor-und-sport.de/verkehr/tempolimit-deutschland-afghanistan-nordkorea-vergleich-2021/).

liche Verordnungen das Geschwindigkeitslimit normierten.[5] Wirklich willkommen dürfte er sich bei seinen Ausfahrten eher selten gefühlt haben. Benz berichtete von auf die Straße springenden Kindern, die »der Hexenkarren, der Hexenkarren« schrien, wenn er mit seinem Wagen durch die umliegenden Dörfer fuhr, auch »eine Begrüßung mit fliegenden Schottersteinen« war offenbar keine Seltenheit.[6]

1909 trat erstmals eine reichseinheitliche Geschwindigkeitsregelung in Kraft. Im Zuge des Kraftfahrzeuggesetzes wurde nicht nur die heute noch bestehende Haftung des Kraftfahrzeughalters geregelt, sondern auch der Bundesrat dazu ermächtigt, die erste »Verordnung über den Verkehr mit Kraftfahrzeugen« zu erlassen. Deren § 18 beschränkte die Fahrgeschwindigkeit innerorts auf die Pferdetrabgeschwindigkeit von 15 Stundenkilometern.[7] Kraftfahrzeuge über 5,5 Tonnen mussten auch außerorts ein Tempolimit von 16 Stundenkilometern einhalten.[8] Dass für Pkw unter 5,5 Tonnen außerorts keine Höchstgeschwindigkeit bestand, sollte nicht als liberale Regelung missverstanden werden. Ihre tatsächliche Grenze fand die Geschwindigkeit in dieser Zeit in der äußerst beschränkten Qualität der Straßen und der Leistungsfähigkeit der Automobile.

5 Noch im Jahr 1902 gab es etwa 30 Verkehrsordnungen im deutschen Reich mit teils stark voneinander abweichenden Inhalten. Vgl. Angela Zatsch, *Staatsmacht und Motorisierung am Morgen des Automobilzeitalters*. Konstanz: Hartung-Gorre 1993. Zudem verfügte Benz zunächst nur über eine Fahrgenehmigung für die Straßen Mannheims. Die von Bertha Benz durchgeführte Pionierfahrt von Mannheim nach Pforzheim im August 1888 war also nicht erlaubt.

6 Bis weit in die Weimarer Republik fremdelte die deutsche Gesellschaft mit den Automobilisten. Das hatte nicht allein damit zu tun, dass da auf einmal ein gänzlich neues Verkehrsmittel in den bislang ausschließlich von Fußgängern, Kutschen und Karren bevölkerten Raum der öffentlichen Straße eindrang und eigene Rechte einforderte. Es war auch eine Reaktion auf die Tatsache, dass die Technologie in den ersten Jahrzehnten exorbitant teuer und deshalb ein Luxusgut war. Das breite Publikum scheint in den »Autlern« bevorzugt rücksichtslose, arrogante »Tyrannen der Landstraße« gesehen zu haben. Zur Automobilkritik um 1900 vgl. Lothar Diehl, *Tyrannen der Landstraße*. In: *Kultur und Technik*, Nr. 3, 1998.

7 Schon 1906 hatte der Bundesrat die Landesregierungen aufgefordert, Geschwindigkeitsregelungen zu erlassen, bei denen »das Zeitmaß eines im gestreckten Trab befindlichen Pferdes – etwa 15 km in der Stunde« nicht überschritten werde.

8 Den höheren Verwaltungsbehörden stand es allerdings frei, innerorts wie außerorts eine höhere Geschwindigkeitsbegrenzung zuzulassen. Davon machten einige Gebrauch und erlaubten innerorts 20 oder 25 Stundenkilometer. Vgl. *Gesetzgeberische Luftschlösser des Motorradfahrers*. In: *Der Motorfahrer*, Nr. 29, 1914. Der geschwindigkeitsaffine Autor und Zeitzeuge bedauert jedoch zugleich, dass es in vielen Gebieten noch nicht zu einer Heraufsetzung gekommen sei.

In der Weimarer Republik wurde die Verordnung über den Kraftfahrzeugverkehr am 15. März 1923 neu gefasst und die zulässige Höchstgeschwindigkeit innerorts auf 30 Stundenkilometer angehoben. Die höheren Verwaltungsbehörden hatten zwar die Möglichkeit, Geschwindigkeiten bis zu 40 Stundenkilometern zuzulassen, schlugen jedoch vielfach den entgegengesetzten Weg ein und setzten die Geschwindigkeit für besonders belebte Straßen auf unter 30 Stundenkilometer fest.[9] Für Kraftfahrzeuge über 5,5 Tonnen galt eine Geschwindigkeitsbegrenzung von 25 Stundenkilometern, innerorts wie außerorts. In der Folgezeit kam es nur zu geringfügigen Anpassungen der Verordnung. 1930 fiel die Tempobeschränkung außerorts für Kraftfahrzeuge über 5,5 Tonnen, sofern sie über Luftreifen verfügten.

»Freie Fahrt für freie Volksgenossen«

Die Machtübernahme der Nationalsozialisten setzte der bis dahin eher autoskeptischen Verkehrspolitik ein jähes Ende. Für seinen ersten großen öffentlichen Auftritt nach der Machtübernahme wählte Adolf Hitler im Februar 1933 nicht ohne Grund die Internationale Automobil- und Motorradausstellung in Berlin. Der Aufmerksamkeit der Öffentlichkeit sicher, stellte Hitler in seiner auch im Rundfunk übertragenen Rede sein Konjunkturprogramm vor, in dessen Zentrum der Straßenbau und die Automobilindustrie standen. Hitler kündigte Investitionen in den Bau von Autobahnen an, wollte den Motorrennsport künftig umfassend staatlich fördern. Erklärtes Ziel war die Massenmotorisierung. Neben der Abschaffung der Kfz-Steuer für neuzugelassene Wagen und der Ablösung der Steuer für ältere Wagen durch eine einmalige Abgabe, startete die Regierung das Programm »Volkswagen für alle« und hob den Fahrschulzwang auf.

Die Maßnahmen zeigten Wirkung: Im Laufe des Jahres 1933 kam es zu einer Verdopplung der Beschäftigtenzahl in der Kraftfahrzeugindustrie von 30000 auf 60000. Die Automobilindustrie und mit ihr der Generaldirektor der Daimler AG, Wilhelm Kissel, war sich später sicher, dass ihr Weg »dornenvoller geworden [wäre], wenn nicht die starke Hand unseres Führers in die Gestaltung und Geschicke unseres Vaterlandes eingegriffen hätte«.[10]

9 Heinrich Praxenthaler, *Die Sache mit der Geschwindigkeit. Geschichte der Tempobeschränkung im Für und Wider.* Bonn: Kirschbaum 1999.

10 Ansprache des Generaldirektors Wilhelm Kissel vor der Presse am 6. März 1934. Zit. n. Gregor M. Rinn, *Das Automobil als nationales Identifikationssymbol.* Dissertation Humboldt-Universität zu Berlin, 2008.

Im Vergleich zur Zeit des Kaiserreichs und zur Weimarer Republik erfuhr der Autofahrer eine völlig andere Behandlung durch Presse und Politik. Im Nationalsozialismus war er nicht mehr wilder Autler, sondern Träger des Fortschritts und der Motorisierungswünsche des Führers.[11] Ging die NS-Ideologie bei Musik und Kunst auf Distanz zur Moderne, wollte sie in Sachen Verkehrstechnik zur Avantgarde gehören. Hitler sprach vom Auto als dem »wunderbaren Instrument modernster Verkehrstechnik der Menschheit«.[12] Sein Propagandaminister sekundierte: »Bei uns ist die Politik nicht Hemmschuh und Hindernis für die technische Entwicklung, sondern ihr kraftvollster und energischster Antrieb. Daher rührt die enge Verbundenheit des Nationalsozialismus mit allen Errungenschaften der modernen Technik.«[13]

Dieser Mentalitätswandel schlug sich auch im Recht nieder. Die Kraftfahrzeugordnung wurde 1934 als Reichsstraßenverkehrsordnung neu gefasst und adressierte nun erstmals nicht allein die Halter und Fahrer von Kraftfahrzeugen, sondern alle Verkehrsteilnehmer. Das Präludium der Verordnung gab den neuen Ton an: »Die Förderung des Kraftfahrzeugs ist das vom Reichskanzler und Führer gewiesene Ziel, dem auch diese Ordnung dienen soll.« Man meinte sich von obrigkeitlicher Reglementierung befreien zu müssen: »Der neue Schnellverkehr und Fernverkehr auf der Straße bedarf einer Regelung, die einfach, großzügig und einheitlich sein muss und alle Hemmungen durch die Zersplitterung des Rechts durch kleinliche Reglementierung des Verkehrs forträumt.«[14]

In der neuen Reichsstraßenverkehrsordnung wurde in § 25 statt vieler Einzeltatbestände eine allgemeine Rücksichtnahmepflicht normiert. Jeder Teilnehmer am öffentlichen Verkehr und nicht nur der Kraftfahrer habe sich so zu verhalten, dass er keinen anderen schädigt oder mehr als nach den Umständen unvermeidbar behindert oder belästigt. Selbst das Vorfahrtsrecht wurde zugunsten der Kraftfahrzeugfahrer umgestaltet. An Kreuzungen und Einmündungen von Straßen war gemäß § 27 Abs. 1 RStVO vorfahrtsberechtigt, wer von rechts kam, nicht aber wenn ein Kfz oder Schienenfahrzeug von links in die Kreuzung einfuhr, dann durfte zuerst das motorisierte

11 Dorothee Hochstetter, *Motorisierung und »Volksgemeinschaft«*. München: Oldenbourg 2005.

12 In: Reichsverband der Automobilindustrie, *»Wille wirkt Wunder«. Drei Reden zur Internationalen Automobil- und Motorrad-Ausstellung 1935*. Berlin 1935.

13 In: Reichsverband der Automobilindustrie, *»Das Kraftfahrzeug: Verkehrsmittel des ganzen Volkes«. Vier Reden zur Internationalen Automobil- und Motorrad-Ausstellung 1938*. Berlin 1938.

14 Reichs-Straßen-Verkehrsordnung vom 28. Mai 1934.

Fahrzeug passieren. Im »Dritten Reich« hatte also nicht nur der Mercedes eine eingebaute Vorfahrt.

Der nationalsozialistische Reformeifer machte auch vor der Geschwindigkeit nicht Halt. 1934 hoben die Nationalsozialisten jegliche Tempobegrenzung auf. Die Reglementierungen Weimars waren Geschichte, innerorts und außerorts herrschte nun auf allen deutschen Straßen freie Fahrt. Hitler selbst setzte in seinen jährlichen Reden vor der Internationalen Automobil- und Motorradausstellung in Berlin der Schienen- und Fahrplangebundenheit der Eisenbahn die »individuelle Freiheit« des Autofahrens entgegen: »Die intensive Förderung gerade unserer modernsten Verkehrswirtschaft [...] ist [abhängig] von der vollen Freizügigkeit eines Volkes, sich ihrer zu bedienen, und zwar nicht nur von der gesetzlichen, sondern vor allem auch von der psychologischen Freizügigkeit.«[15] Es sei kein Zufall, dass es im »kommunistisch-marxistischen Sowjet-Russland« genau wie im »marxistisch regierten Deutschland« der Weimarer Republik nur einen niedrigen Prozentsatz an Kraftfahrzeugen gegeben habe. Dem Menschen werde durch das Auto die Unabhängigkeit zurückgegeben, die ihm durch die bolschewistische Eisenbahn geraubt worden sei.

Auf den ersten Blick mag die besondere Betonung freiheitlicher Werte überraschen, der Widerspruch zum nationalsozialistischen Staatsziel der gleichgeschalteten und gleichgerichteten Volksgemeinschaft drängt sich auf. Selbst entscheiden zu können, wohin, wann und wie schnell man fährt, scheint nicht so recht zum Bild des gehorsamen Volksgenossen zu passen, der pflichtbewusst seinen Dienst in Fabrik und Partei tut und für seinen Sommerurlaub ins KdF-Seebad gefahren wird.

Bei der Abgrenzung zum Kommunismus tat die Betonung der freiheitlichen Dimension des Automobils allerdings gute Dienste und war zudem dazu geeignet, mit dem geschwindigkeitsberauschten Futurismus und Faschismus italienischer Prägung Schritt zu halten. Damit leistete die individualistische Automobil-Ideologie einen wichtigen Beitrag zur Stabilisierung des NS-Staates. Die freie Geschwindigkeit rechtfertigte die Arbeit an immer schnelleren Autos und setzte insbesondere mit dem Autobahnbau Anreize für das erklärte Ziel der Vollbeschäftigung. Die Freiheit stand auf diese Weise im Dienst des Gemeinwohls und der Volksgemeinschaft.

15 In: Reichsverband der Automobilindustrie, *»Schrittmacher der Wirtschaft«. Vier Reden zur Internationalen Automobil- und Motorrad-Ausstellung 1936*. Berlin 1936. So auch bereits Adolf Hitler bei seiner Rede zur Eröffnung der Internationalen Automobil- und Motorradausstellung am 11. Februar 1933 in Berlin: »Mit der Eisenbahn hörte die individuelle Freiheit des Verkehrs auf.«

Weniger ideologischen als pragmatischen Geistes war hingegen die erneute Änderung der Geschwindigkeitsregelung vom 3. Mai 1939: Für Pkw wurde die Geschwindigkeit in Ortschaften nun auf einmal auf 60 und außerorts auf 100 Stundenkilometer beschränkt. Lkw, Omnibusse und alle übrigen Kraftfahrzeuge durften innerorts maximal 40 und außerorts nur noch maximal 70 Stundenkilometer schnell fahren. Die Gründe für diese überraschende verkehrspolitische Kehrtwendung erläuterte Adolf Hitler am 17. Februar 1939 in seiner Eröffnungsrede zur Internationalen Automobil- und Motorradausstellung: »Das deutsche Volk bringt zur Zeit in je sechs Jahren genau so viele Tote dem Verkehr als Opfer wie der deutsch-französische Krieg 1870/71 im Gesamten an Gefallenen gefordert hat. Dies ist ein unerträglicher Zustand [...] Die Reichsautobahnen sind nicht, wie viele zu denken glauben, für 120 oder 140 Kilometer Spitzenschnelligkeit gebaut, sondern für – sagen wir – 80 Kilometer Durchschnitt [...] Grundsätzlich ist es überhaupt unnationalsozialistisch, seinen anderen Volksgenossen gegenüber rücksichtslos zu sein.«[16]

Die automobile Freiheit erhält hier einen neuen Gemeinwohlvorbehalt. Am Vorabend des Zweiten Weltkriegs kollidiert sie mit der Sorge um die Sicherung der Wehrfähigkeit. Deutsche Männer sollen nicht im Straßenverkehr, sondern auf dem Schlachtfeld sterben. Am 3. Oktober 1939 wird das Tempolimit wohl aufgrund der sich aus der Verdunklung ergebenden Gefahren weiter verschärft, innerorts auf 40 und außerorts für Pkw auf 80, für die übrigen Kraftfahrzeuge auf 60 Stundenkilometer.

»Freie Fahrt für freie Bürger«

Nachdem in den Besatzungszonen zunächst unterschiedliche Regelungen bestanden hatten,[17] machte man in der Bundesrepublik mit den 1939 eingeführten Geschwindigkeitsregelungen kurzen Prozess. Mit dem »Gesetz zur Sicherung des Straßenverkehrs« hob der Bundestag 1952 jegliche Geschwindigkeitsbegrenzung auf und kehrte damit zurück zur Regelung aus

16 *Rücksichtslose Autoraserei ist unnationalsozialistisch*. In: *Sächsische Elbzeitung* vom 18. Februar 1939.

17 In der britischen Zone blieben die deutschen Vorschriften von 1939 in Kraft, in der französischen Zone ergingen 1947 Sonderregeln, in der amerikanischen Zone bestanden bis 1950 Sonderregeln. 1950 wurden alle Sonderregeln aufgehoben, es galten die einheitlichen Höchstgeschwindigkeiten gemäß Verordnung vom 3. Oktober 1939. Vgl. Carl Wienecke, *Grundlagen und Aufbau des deutschen Straßenwesens nach 1945 bis zum Ende des zweiten Bundestages*. Bielefeld: Kirschbaum 1959.

dem Jahr 1934. Außerorts und innerorts bestand nun wieder »freie Fahrt«.[18] Begründet wurde das unter anderem damit, dass die bestehenden Höchstgeschwindigkeitsgrenzen ja überhaupt erst im Jahr 1939 kriegsbedingt um der Rohstoffersparnis willen eingeführt worden seien.[19] Diese Argumentationsstrategie hatte den Vorzug, dass sich die Aufhebung des Tempolimits nicht nur elegant gegen Kritik immunisieren, sondern zugleich als Akt der Vergangenheitsbewältigung, der Abgrenzung gegenüber der kollektivistischen, reglementierenden und obrigkeitsstaatlichen NS-Zeit deuten ließ.[20] Dass die Nationalsozialisten die in Weimar bestehenden Tempolimits zuvor aufgehoben hatten, blieb dabei selbstverständlich unerwähnt.

So meinte etwa der Reifenfabrikant und Automobillobbyist Otto A. Friedrich 1955 zu wissen, dass das deutsche Freiheitsverständnis durch die lebendige Erfahrung der Katastrophe eine tiefgreifende Wandlung erfahren habe. Die Freiheit sei nun zum höchsten sittlichen Wert geworden. In der verkehrspolitischen Auseinandersetzung um die Rolle des Automobils spiegele sich nun der Kampf zwischen dem neuen Freiheitsverständnis und traditionell obrigkeitsstaatlichen Auffassungen.[21] Auch der ADAC, selbsternanntes »Sammelbecken eines neuen Verkehrswesens«,[22] konstatierte, dass man nach dem Zweiten Weltkrieg die Barrikaden der uniformen und von oben befohlenen Einheitsmeinung niedergerissen habe und nun auch der Kraftverkehr an einer neuen freiheitlichen Verhaltenskultur teilhabe. Die Warnung vor einem neuen Zivilmilitarismus, der entstünde, würde der deutsche Autofahrer allein durch Gebote und Verbote zur Besinnung gebracht, schallte durchs Land.

18 Gesetz zur Sicherung des Straßenverkehrs vom 19. Dezember 1952: »§ 9 Abs. 1 der Straßenverkehrs-Ordnung [...] in der Fassung vom 3. Oktober 1939 [...] gilt nicht für Personenkraftfahrzeuge.«

19 Schriftlicher Bericht des Ausschusses für Verkehrswesen über den Entwurf eines Gesetzes zur Bekämpfung von Unfällen im Straßenverkehr. In: Bundestags-Drucksache Nr. 1/3774.

20 Vgl. Dietmar Klenke (*Bundesdeutsche Verkehrspolitik und Motorisierung*. Stuttgart: Franz Steiner 1995), der anhand der folgenden Zitate das Abgrenzungsbestreben anschaulich herausarbeitet, es aber versäumt, die Überzeugungskraft dieser Versuche kritisch zu hinterfragen, und unberücksichtigt lässt, dass auch die Nationalsozialisten mit kleinlicher Reglementierung aufräumen wollten und dies mit der Freigabe der Geschwindigkeit auch taten.

21 Otto A. Friedrich, *Der Freiheitsbegriff in der modernen Wirtschaft und Kultur*. In: *Der Volkswirt* vom 17. September 1955, Beilage zu Nr. 37. Zit. n. Dietmar Klenke, *Bundesdeutsche Verkehrspolitik und Motorisierung*.

22 *Sammelbecken eines neuen Verkehrswesens*. In: *ADAC-Motorwelt*, Nr. 6, Juni 1953.

Hans Bretz, Vize-Präsident des ADAC, sah 1954 durch Gesetzesvorhaben zur Steigerung der Verkehrssicherheit etwa gefährliche Bestrebungen wiederaufblühen, die die (All)Macht des Staates wieder einsetzen wollten. In seinem unter dem Titel *Amoklauf der Verkehrs-Gesetzgebung* erschienenen Artikel warnte Bretz vor einem »geradezu verhängnisvollen Glauben an die Heilslehre vom Gesetz« und führte die Raserei auf den Straßen auf den deutschen Fleiß beim Wiederaufbau zurück, der bisweilen in Hast ausarte.[23]

Das Auto wurde zum Symbol westlicher, liberaler und individualistischer Modernität verklärt. Bedeutungsaufgeladen idealisierte es die neue Zeit, die mit der vermeintlichen traditionellen Kleingeisterei der Nazi-Zeit kurzen Prozess machte. Das zeigte sich nicht nur bei der Frage der Geschwindigkeit. Auch die erste Internationale Automobilausstellung nach dem Zweiten Weltkrieg im Jahr 1953 war von der Klage über den Motorisierungsrückstand Deutschlands geprägt. In der Folge gewannen Überlegungen zur Förderung der Massenmotorisierung an Land. Der Verband der Automobilindustrie (VDA) schlug vor, die Kfz-Steuer abzuschaffen und die Einkommensteuer-Richtlinien so zu ändern, dass Ausgaben für das Kraftfahrzeug das zu versteuernde Einkommen mindern. Am Ende der Diskussion stand die Herabsetzung der Kfz-Steuer um 20 Prozent und die Einführung der Kilometerpauschale.

Die Freiheitsdimension von Mobilität und Geschwindigkeit bildete in den fünfziger Jahren auch eine willkommene Möglichkeit, sich im Kalten Krieg gegenüber dem Osten abzugrenzen und sich seiner eigenen Überlegenheit zu vergewissern. Der Wirtschaftswissenschaftler und Soziologe Wilhelm Röpke etwa überhöhte die freie Entfaltung des Individualverkehrs zur »Verkehrsfreiheit«, zur »vornehmsten Freiheit«, zu der man sich »diesseits des Eisernen Vorhangs« bekennen und so gegen die Anfechtungen des Kollektivismus behaupten könne.[24] Der Umstand, dass es im Ostblock weniger Automobile gab, ließ sich in dieser Lesart damit erklären, dass die totalitären Regime kein Interesse daran hätten, das Auto als systemwidriges Symbol der Freiheit und Unabhängigkeit zu fördern.[25] Dem freiheitlichen Fortbewegungsmittel Automobil wurde also nicht nur zugetraut, die

23 Hans Bretz, *Amoklauf der Verkehrs-Gesetzgebung*. In: *ADAC-Motorwelt*, Nr. 4, April 1954.

24 Wilhelm Röpke, *Die Abstimmung von Schiene und Straße*. In: *Der Volkswirt* vom 30. April 1954. Zit. n. Dietmar Klenke, *Bundesdeutsche Verkehrspolitik und Motorisierung*.

25 Organ der Deutschen Straßenliga e. V. In: *Straße und Wirtschaft* vom 21. August 1958: »Motorisierung bedeutet mehr Freiheit für den Menschen. Kein Zufall, daß es in der östlichen Welt schlechte Straßen und wenig PKW's gibt.«

Antithese zur kollektivistischen NS-Vergangenheit zu bilden, sondern auch einen »Wall gegen die kollektivistischen Verführungen aus dem Osten« zu errichten. Das Kraftfahrzeug und dessen unbeschränkte Nutzung dienten hier nicht nur einer vermeintlichen Vergangenheitsbewältigung, sondern auch der Selbstvergewisserung und Abgrenzung im Kampf der politischen Systeme.

»Freie Fahrt statt Sozialismus«

Tatsächlich traf die DDR in Sachen Tempolimit andere Entscheidungen als die Bundesrepublik, und auch ihr Narrativ unterschied sich deutlich vom Freiheitsdiskurs im Westen. Beim allmählichen Übergang zum Kommunismus mussten »das Wohl, die Sicherheit und die Geborgenheit der Bürger vornehmstes Anliegen« sein.[26] In § 12 StVO-DDR wurde deshalb bereits 1956 neben einem strikten Alkoholverbot auch eine Geschwindigkeitsbegrenzung verfügt. Danach waren für Pkw innerorts 50, außerorts 90 und auf Autobahnen 100 Stundenkilometer erlaubt. 1979 wurde die Geschwindigkeitsbegrenzung auf Landstraßen sogar von 90 auf 80 Stundenkilometer heruntergeregelt. Die nicht bestehende Geschwindigkeitsbegrenzung im Westen wurde hingegen als Ausdruck eines menschenverachtenden Systems und einer kapitalistischen Profitjagd interpretiert.[27]

Während die Regelungen zum Tempolimit in der DDR fast unverändert blieben, kam es in der Bundesrepublik 1957 zur ersten gesetzlichen Änderung. Nach einer intensiven Debatte, in der der Bundestag immer wieder auf sein Mitspracherecht gepocht hatte, erhielt das Bundesministerium für Verkehr die Zuständigkeit zur Regelung der Höchstgeschwindigkeit in der Straßenverkehrsordnung zurück. Am 25. Juli 1957 wurde sie geändert: Innerorts galt nun eine Geschwindigkeitsbegrenzung von 50, außerorts wurde die Geschwindigkeit nur für Pkw mit Anhängern und Lkw auf 80 Stundenkilometer beschränkt. Für Fahrer von Personenkraftwagen hieß das: Sowohl auf Landstraßen als auch auf Autobahnen konnte immer noch jeder so schnell fahren, wie er wollte. Während etwa Großbritannien 1965, wohl nicht zuletzt aufgrund der beträchtlichen Leistungs- und Geschwindigkeitszugewinne von Serienwagen in dieser Zeit, auch außerorts Geschwindig-

26 Verordnung über das Verhalten im Straßenverkehr vom 26. Mai 1977. In: Gesetzesblatt 1977, I Nr. 20.

27 Vgl. Manfred Kriener, *Deutsche Verkehrspolitik, eine Gefangene der Autoindustrie*. In: *bruchstücke. Blog für konstruktive Radikalität* vom 17. Juni 2023 (bruchstuecke.info/2023/06/17/deutsche-verkehrspolitik-eine-gefangene-der-autoindustrie/).

keitsbeschränkungen erließ, kühlte die Debatte in Deutschland in den sechziger Jahren ab.

Erst in den Siebzigern stieß der sozialdemokratische Verkehrsminister Georg Leber die Debatte wieder an. Trotz massiver Anfeindungen seitens der Automobilindustrie und eines Großteils der Presselandschaft schaffte es der Minister durch ein geschicktes Manöver, die Höchstgeschwindigkeit auf Landstraßen auf 100 Stundenkilometer zu beschränken. Indem er das Limit 1972 nicht als endgültige Regelung, sondern zunächst als einen zu evaluierenden »Großversuch« in die politische Diskussion einführte, sicherte er sich die Zustimmung des Bundesrates. 1976 wurde das Limit auf Landstraßen endgültig Teil der Straßenverkehrsordnung. Dass die während der Ölkrise 1973 eingeführten Tempobeschränkungen nur von kurzer Dauer waren, ist neben dem ADAC auch auf die konservative Opposition und deren Mitspracherecht im Bundesrat zurückzuführen.

Der Präsident des ADAC, Franz Stadler, verschickte nicht nur Aufkleber an die deutschen Autofahrer, sondern richtete sich mit einem dringenden Appell auch an alle Bundestagsabgeordneten und forderte diese auf, gegen dauernde Geschwindigkeitsbegrenzungen zu votieren.[28] Die Opposition schloss sich diesem Protest an und forderte die Regierung im Februar 1974 auf, die Ölkrisenverordnung unverzüglich aufzuheben. Insbesondere der schleswig-holsteinische Ministerpräsident Gerhard Stoltenberg (CDU), der vom Bundesverkehrsminister und designierten Spitzenkandidaten der SPD, Lauritz Lauritzen, in der Landtagswahl 1975 herausgefordert werden sollte, nutzte die Bühne für seinen Wahlkampf und geißelte die »sozialistische Gleichmacherei« und »Vollbremsung« seines Herausforderers im Verkehrsministerium.[29] In der entscheidenden Sitzung des Bundesrates hatte er die Leitung inne. Am Ende scheiterte die Verordnung am Widerstand der Unions-Parteien, eine Stimme hatte zum Tempolimit gefehlt.[30] Statt einer verbindlichen Höchstgeschwindigkeit wurde eine Richtgeschwindigkeit von 130 Stundenkilometern eingeführt, das Verbot zur Empfehlung. Lauritzen schied aus der Bundesregierung aus und zog seine Kandidatur für die Landtagswahl zurück. Seine politische Karriere war beendet.

Obwohl die Debatte in den achtziger Jahren aufgrund des Waldsterbens wieder an Fahrt gewann, blieb es bei den genannten Regelungen. Ein Großversuch für 14 Millionen Mark, in dem die Umwelteffekte eines Tempolimits

28 Vgl. Heinrich Praxenthaler, *Die Sache mit der Geschwindigkeit*.

29 Vgl. Manfred Kriener, *Deutsche Verkehrspolitik, eine Gefangene der Autoindustrie*.

30 *Bericht über die 402. Sitzung*. In: Bundesrat-Protokoll 402/74, 8. März 1974.

ermittelt werden sollten, war wohl mehr politische Finte Helmut Kohls als echte Evaluation. Schon vor der Auftragsvergabe an den TÜV wusste der Kanzler: »Das bringt nichts. Das machen wir nicht.«[31] So wurde »freie Fahrt für freie Bürger« unter Kohl zur Staatsräson.

Damit bestanden bis zur Wiedervereinigung in Ost- und Westdeutschland unterschiedliche Regelungen der Höchstgeschwindigkeit. Im Werben westdeutscher Politiker für die Wiedervereinigung zeigte sich 1990 erneut die bereits bekannte Verquickung von Tempobeschränkung und Sozialismus. In einem Gastkommentar in der *Bild*-Zeitung warb Bundesverkehrsminister Friedrich Zimmermann (CSU) unter dem Titel *Freie Fahrt statt Sozialismus* kurz vor der letzten Volkskammerwahl um die Gunst der Ostdeutschen: »Wenn sich die Bürger der DDR am 18. März für Freiheit statt Sozialismus entscheiden, werden sie alles im Auge haben, was sie gängelt. Und der Sozialismus hat von je her ein gestörtes Verhältnis zum Auto [...] Wiedervereinigung bedeutet auch Schluss mit sozialistischen Straßenverkehrsideologien. Millionen Autofahrer danken es.«[32] Dass nach einer Umfrage der Bundesanstalt für Straßenwesen 1990 im Osten 89 Prozent für das Fortbestehen eines Tempolimits auf Ostautobahnen und 73 Prozent für die Einführung eines Tempolimits auf Westautobahnen waren, ließ der Minister freilich unberücksichtigt.[33] Am 1. Januar 1992 fielen auch auf den Ost-Autobahnen die Geschwindigkeitsbegrenzungen. Diese Deregulierung der Geschwindigkeit, die Ausgestaltung und der Zustand der Straßen im Osten sowie der plötzliche Zugriff auf leistungsstarke Pkw führten in den neuen Bundesländern zu einem dramatischen Anstieg der Verkehrsunfälle.

Vor dem Hintergrund der langen Geschichte von Freiheit und Geschwindigkeit ist es kaum überraschend, dass und wie Markus Duesmann ein halbes Jahr nach seinem Interview für die *Süddeutsche Zeitung* zurückruderte und klarzustellen versuchte, dass er sich nicht für ein dauerhaftes Tempolimit ausgesprochen habe: »Jeder weiß, dass Deutschland ein freies Land ist – und das Tempolimit (sic!) ist ein Symbol dieser Freiheit.«[34]

Geschwindigkeit als Garant der Freiheit. Damit ist er nicht allein: Beifall gibt es etwa von seinem ehemaligen Kollegen, dem VW-Vorsitzenden Oliver Blume, für den rasantes Fahren auf der Autobahn das letzte »Stück indivi-

31 *Tempolimit: Taktik statt Taten.* In: *Spiegel* vom 7. Oktober 1984 (www.spiegel.de/politik/tempolimit-taktik-statt-taten-a-50156d3c-0002-0001-0000-000013511022).

32 *Freie Fahrt statt Sozialismus.* In: *Bild* vom 24. Februar 1990.

33 Günter Kroj, *Perspektiven der Unfallforschung und Sicherheitsarbeit. Strassenverkehr.* München: Vogel 1992.

34 *»Klarheit nimmt die Unsicherheit«.* In: *Welt* vom 5. Mai 2023 (www.welt.de/wirtschaft/better-future/sustainability/article245181940/Interview-mit-dem-Audi-Chef-Markus-Duesmann.html).

dueller Freiheit« ist.[35] Ein Bundesverkehrsminister a. D. hielt die Einführung eines Tempolimits gar für einen »Fetisch«, der »gegen jeden Menschenverstand« verstößt, und brachte dagegen die »Freiheit bei der Mobilität« in Stellung.[36] Der aktuelle Bundesverkehrsminister formuliert zurückhaltender, meint aber: »Das Tempo gehört in die Eigenverantwortung der Bürger, solange andere nicht gefährdet werden«.[37] Der Spruch von der freien Fahrt für freie Bürger ist hingegen etwas aus der Mode geraten. Der ADAC hat seine ablehnende Haltung gegenüber einem Tempolimit offiziell aufgegeben und wird nur noch ungern auf seinen Slogan angesprochen.[38] Der hat mittlerweile im Grundsatzprogramm der AfD seine neue Heimstätte gefunden.[39]

35 *VW-Chef Blume bekräftigt Ablehnung eines Tempolimits in Deutschland*. In: *Welt* vom 28. Januar 2023 (www.welt.de/wirtschaft/article243470651/Gegen-Tempolimit-VW-Chef-Blume-setzt-stattdessen-auf-intelligente-Loesungen.html).

36 Andreas Scheuer, *»Ein politisches Kampfinstrument, für manche sogar ein Fetisch«*. In: *Welt* vom 12. Juli 2021 (www.welt.de/politik/eutschland/article232442119/Scheuer-erteilt-Tempolimit-Absage-Fuer-manche-ein-Fetisch.html); *Für Verkehrsminister Scheuer sind Tempolimits »gegen jeden Menschenverstand«*. In: *Handelsblatt* vom 19. Januar 2019 (www.handelsblatt.com/politik/deutschland/umweltdebatte-fuer-verkehrsminister-scheuer-sind-tempolimits-gegen-jeden-menschenverstand/23886030.html).

37 Volker Wissing, *Auf der Straße drohen Zustände wie bei der Bahn*. In: *Bild am Sonntag* vom 22. Januar 2023.

38 Heike Holdinghausen, *Freie Fahrt für freie Bürger*. In: *factor y*, Nr. 1, 2020 (www.factory-magazin.de/fileadmin/magazin/media/freiheit/factory_freiheit_web.pdf).

39 Das Grundsatzprogramm der Alternative für Deutschland vom 30. April und 1. Mai 2016, Punkt 14.5: »Die AfD fordert ›Freie Fahrt für freie Bürger‹ und lehnt alle Beschränkungen aus anderen Gründen als der Verkehrssicherheit ab« (www.afd.de/wp-content/uploads/2023/05/Programm_AfD_Online_.pdf). Der Aufkleber mit dem Kampagnenspruch von 1974 kann im offiziellen AfD-Shop gekauft werden.

Andreas Dorschel

Melodien

I

Auch die Kunstwissenschaften haben ihre Obduzenten; eine der Leichen, über die sie sich seit längerem immer wieder einmal beugen, war und ist die Kunst der Melodie. Vor einem halben Jahrhundert eröffneten Lars Ulrich Abraham und Carl Dahlhaus ihre *Melodielehre* mit dem Satz: »Eine Melodielehre, die 1972, in der Epoche der Klangkomposition und der elektronischen und aleatorischen Musik, erscheint, kann keine Unterweisung in der Komposition von Melodien sein (es sei denn im Bereich der Schlagerproduktion), sondern lediglich eine Anweisung zum Analysieren.« Melodien, so die beiden Musikwissenschaftler, seien eine Erscheinung der Vergangenheit. Wer künstlerisch auf der Höhe der Zeit sei, schreibe keine mehr. Warum aber verfasst jemand eine Lehre von der Melodie, wenn Musikgeschichte auf deren Atrophie hinausläuft? Wie diese Frage zu beantworten sei, ist bereits im ersten Satz der *Melodielehre* angedeutet: Retrospektiv fordere das riesige Corpus an Melodien, das sich allein in der europäischen Musikgeschichte – ihr entnahmen Abraham und Dahlhaus ihre Beispiele – angesammelt habe, Werkzeuge ihrer Untersuchung; sie soll das Buch bieten: »Die Melodie wird historisch, im Bewußtsein äußerer und innerer Distanz, begriffen und analysiert.«[1]

Mit Blick auf die damalige Gegenwart implizierte jener erste Satz, eine Musik, die soziologisch in einer Nische hauste – die als epochal etikettierten Verfahren erreichten selbst im Westdeutschland der 1970er Jahre, das eine risikolose Avantgarde mit Subventionen verwöhnte, nur einen winzigen Anteil der Bevölkerung –, sei die eigentliche, die wahre Musik. Für Abraham und Dahlhaus galt, wie Adorno es formuliert hatte, dass »Musik überhaupt aufgeht in der neuen«.[2] Die einer solchen Überzeugung zugehörige Adornitische Verachtung zog sich folgerichtig die stets des Melodischen verdächtige populäre Musik zu, für welche die beiden Musikwissenschaftler am Anfang ihrer *Melodielehre* lediglich metonymisch, *pars pro toto*, den »Schlager« stehen ließen.

Wenn es seit jeher etwas gab, das zur Musik lockte und an ihr berückte, so ist es die Melodie gewesen. Antike und mittelalterliche Traditionen schrieben ihr magische Wirkung zu. In Mozarts *Così fan tutte* (1790) schwel-

1 Lars Ulrich Abraham / Carl Dahlhaus, *Melodielehre*. Köln: Gerig 1972.

2 Theodor W. Adorno, *Musik und neue Musik*. In: *Merkur*, Nr. 147, Mai 1960.

gen die unaufgeklärten Figuren in Melodien; der aufgeklärte Don Alfonso belehrt sie melodienarm, nah dem Rezitativ. Besteht Modernität in der Entzauberung der Welt, also auch der Entzauberung der Musik, dann war ihnen, der Welt und der Musik, zuallererst die Melodie auszutreiben. Was die beiden melodiedistanzierten modernen Melodielehrer 1972 schrieben, schien in diesem Sinne durchaus zeitgemäß. Und doch waren sie damals nicht ganz auf dem Laufenden. Zwar hatten sie Recht mit ihrem Hinweis auf Klangkomposition. Im 19. Jahrhundert hatten sich Komponisten in den deutschsprachigen Ländern gern als Tonkünstler bezeichnet. Melodien bestehen aus Tönen; eine Melodie kann man nicht wahrnehmen, ohne die Töne wahrzunehmen. In der zweiten Hälfte des 20. Jahrhunderts verwandelten einige Komponisten Musik, die bisherige Tonkunst, in eine Klangkunst. Solange sie für traditionelle Instrumente komponierten, wie György Ligeti in *Atmosphères* (1961), oder für menschliche Stimmen, wie der selbe Komponist in *Lux aeterna* (1966), mussten sie dafür immer noch Töne notieren. Diese aber wurden hier so geschichtet, dass man, anders als in einem Akkord, über weite Strecken nicht mehr diesen oder jenen bestimmten Ton heraushörte. Kraft Ligetis ingeniöser »Mikropolyphonie« verschwand der Ton im Klang. Daher gibt es in *Atmosphères* und *Lux aeterna* keine Melodien mehr. Elektronisches Komponieren konnte endlich auch vom Denken in Tönen dispensieren; komponierend ließ sich nun unmittelbar auf Klänge zugreifen und mit ihnen gestalten.

Solche Klangkunst vermochte manches, was Tonkunst nie konnte. Tonkunst indes hatte auch manches zustande gebracht, was jenseits der Möglichkeiten einer Klangkunst lag; darum ersetzt diese jene nicht. Dem Protagonisten der Klangkomposition, György Ligeti, wurde das klar, kurz bevor Abraham und Dahlhaus der Melodie mit wissenschaftlicher Autorität den Totenschein ausstellten. Ein Jahr früher nämlich, 1971, brachte Ligeti ein Werk heraus, dessen schlichter Titel auch herausfordernd gegenüber solchen Gewissheiten des höheren Zeitgeistes gemeint war: *Melodien*. In seinem Selbstkommentar, *Über »Melodien«*, hat Ligeti die Sache auf den Punkt gebracht: »Ende der fünfziger und Anfang der sechziger Jahre habe ich in meinen Stücken, also vor allem in *Apparitions*, *Atmosphères* und *Volumina*, nicht nur jede melodische Konfiguration abgeschafft, sondern auch alle erkennbaren Spuren von Harmonik und Rhythmik getilgt, und statt dessen mit sehr dichten und komplexen Geweben mikropolyphoner Struktur gearbeitet. Musikalische Gestalten – ob harmonische, melodische oder rhythmische – waren diesen unifizierten Netzstrukturen fremd. Im Laufe der sechziger Jahre bin ich dann zu neuen Einsichten gekommen, was meine eigene kompositorische Arbeit betrifft. Dauernd mit solch homogenen Klangflächen und polyphonen Netzen zu arbeiten, schien mir unbefriedigend.«

Unbefriedigend fand der Melodieabschaffer ein Neuern auf dem Wege des Ent-Erfindens. Denn es hinterließ einen Zustand luxuriöser Armut: die Proskription eines unersetzlichen Mittels der Musik inmitten nahezu unbegrenzter technischer und damit klanglicher Ressourcen. So habe er versucht, schrieb Ligeti, aus den homogenen Netzkonstruktionen wieder deutliche Konturen – Gestalten mit melodischem Profil – herauszuarbeiten. »Der Titel *Melodien* bezeichnet dabei einen ganz konkreten musikalischen Sachverhalt, hat freilich insgeheim noch einen anderen Aspekt – etwas von ›épater l'avantgarde‹, weil Melodien in der neuen Musik so lange tabu waren.«[3] Der letzte Satz Ligetis hat eine ironische Note; als »insgeheim« anwesend kann der genannte Aspekt wohl kaum jemandem vorgekommen sein, insofern das Tabu über die Melodie in Neuer Musik deren Identität stiftet. Es definiert den Prüfstein schlechthin für einen Ausschluss aus der Gemeinschaft der Aufrechten, der Kompromisslosen, der Unerbittlichen. Denn Melodie wäre der tönende Trug richtigen Lebens im falschen: ein Ornament an der Fassade der Hölle. Als politisches Kriterium bedarf das Tabu über die Melodie in der Neuen Musik nicht eigens eines ästhetischen Arguments, ja überhaupt nicht vieler Worte. Es gedieh und gedeiht, wie andere Tabus auch, in einem weiten Feld des Unausgesprochenen, als selbstverständlich Vorausgesetzten. Doch es gibt, wiederum wie bei anderen Tabus, zumal für Fälle des Tabubruchs, eine Weise expliziter Thematisierung. Sie nimmt im Fall der Melodie die Form des *out-of-sale criticism* an: Das geht gar nicht mehr, das kann man heute einfach nicht mehr machen.[4]

II

Was Abraham und Dahlhaus 1972 für altmodisch hielten, war demnach 1971 die neueste Nichtmode. Obschon keiner Mode zuzurechnen, stand Ligeti mit seiner Erfahrung künstlerischer Defizite Neuer Musik auch wieder nicht allein. Eine solche prägt ebenso das gleichzeitige Werk Olivier Messiaens, etwa die zwölfsätzige Orchesterkomposition *Des canyons aux étoiles …* (1971–74). Messiaen verfuhr ganz anders als Ligeti; doch was sie Anfang der 1970er Jahre verband, war die Exploration melodischer Möglichkeiten.

3 György Ligeti, *Über »Melodien«* [1972] sowie *Melodien* [1972]. Beide Texte in: Ders., *Gesammelte Schriften*. Bd. 2. Hrsg. v. Monika Lichtenfeld. Mainz: Schott 2007.

4 Henning Ritter, *Notizhefte*. Berlin Verlag 2010.

Obschon Ligeti machte, was man einfach nicht mehr machen konnte, bot er mit *Melodien* keinen hübschen Reigen munterer Jingles, an dem sich das Publikum endlich einmal von der melodischen Entsagung Neuer Musik erholen konnte. Einen entsprechend anspruchslosen Melodiebegriff mochte sich der Komponist nicht zu eigen machen. Darauf, der Sache eine intelligente Wendung zu geben – eine intelligentere als die, welche er vorfand –, hat Ligeti nie verzichtet. Und so versteckte er in *Melodien* die Melodien. Die Pointe des Verfahrens aber war, dass er sie durch nichts anderes verbarg als eben durch – Melodien. »Die Stimmen werden zu individuellen Melodien, mit eigenem Duktus, Tempo, Rhythmus und eigener intervallischer Struktur«; gerade ihrer Eigenart, also ihrer melodischen Qualität halber, machten sie jedoch in *Melodien* einander das Feld streitig. Den Plural im Werktitel gebrauchte Ligeti also mit Emphase. Im Sinne wechselseitiger melodischer Widersetzlichkeit kombinierte er, um nur ein Beispiel zu nennen, in den Takten 79/80 (bei Buchstabe U) aufsteigende mit in der Richtung uneindeutigen sowie mit absteigenden Konturen: Geige, Bratsche, Cello und die rechte Klavierhand bewegen sich aufwärts; linke Klavierhand, Vibraphon und Kontrabass bleiben unentschieden; die melodischen Linien der Blechbläser und des Fagotts weisen abwärts. Das Werk erscheine daher beim ersten Hören als ein »Chaos«; erst wenn man die Musik besser kennengelernt habe, werde sie, so Ligeti, fassbar als das, was sie ausmacht: *Melodien*.

Melodien zu hören fällt dem Hören – dies die Lektion des Stücks, sofern es eine solche hat – nicht einfach zu. Sie sind vielmehr eine Beute, die manchmal durchaus nicht leicht zu erlangen ist. Sie an sich zu ziehen kann und darf den Stolz des Hörens ausmachen, ihrem Eigenleben gerecht zu werden den Stolz des Spielens. Im Vorwort zur Partitur schrieb Ligeti, die Instrumentalisten sollten ihre Melodien »mit einer inneren Lebendigkeit im Duktus der Einzelstimme und mit einer eigenen dynamischen und agogischen Formung« interpretieren – »kurz: die Stimmen sollen individuell ›atmen‹«. Verborgene, zum Beispiel in Mittelstimmen verborgene Melodien gibt es übrigens in bedeutender Musik häufig, etwa in Robert Schumanns Werk seit den *Abegg-Variationen* op. 1, besonders in seinen großen Klavierkompositionen der Jahre 1838/39; sie zu erkennen sowie zu artikulieren hebt exemplarisches Musizieren von mittelmäßigem ab, und sie zu vernehmen unterscheidet waches Hören von stumpfem. Diese Einsicht trieb Ligeti in *Melodien* auf die Spitze; als eine Studie in Artikulation ist das Stück von äußerster Konsequenz.

In *Melodien* setzt Ligeti die Wiedergeburt der totgesagten Melodie selbst musikalisch in Szene. Er kehrt die Dekomposition der Melodie in der Neuen Musik gleichsam um. Das Werk beginnt mit Skalen: dem Material zu Melodien eher denn diesen selbst; sodann sind melodische Fragmente zu hören; erst im Verlauf des Stücks entfalten sie sich zur vollen Gestalt: zu ausgewachsenen Melodien. So wird das Werk zum Argument – zum Argument aus Tönen, nicht aus Worten – für Ligetis Ungenügen am Stand der Kunstform Musik um 1970. Und in der Tat spricht einiges dafür, Ligeti habe Recht gehabt mit seinem Befund, Komponieren unter Verzicht auf Melodik sei auf längere Sicht »unbefriedigend«. Doch als Abraham und Dahlhaus die Melodie zu etwas Verflossenem – wenngleich gerade deshalb sie als Historiker Interessierendem – erklärten, vertraten sie alles andere als eine kuriose Sondermeinung. Ihre Sicht war vielmehr damals Konsens der mit Musik befassten akademischen Intelligentsia und ist dies auch heute noch, wo immer eine Superiorität Neuer Musik gegenüber anderer vorausgesetzt wird. Welche Geschichte liegt diesem recht langlebigen, wenngleich esoterischen Konsens zugrunde?

Die Geschichte lautet in etwa so: Vor rund einhundert Jahren, in den 1920er Jahren, kam es in der Musik zu einer »Krise der Melodie«, ablesbar am Werk von Komponisten jener Zeit wie Edgard Varèse und Anton Webern. Auf Varèse, der zum Teil Melodieinstrumente wie Schlaginstrumente behandelte, trifft es zu, dass Melodien ihn als Komponisten nicht interessierten.[5] Im Falle Weberns liegt die Sache, wenigstens dessen Absichten nach, anders. Der Vorgeschichte der Zweiten Wiener Schule war das Programm eingeschrieben, ein neues Zeitalter des Denkens in Stimmen und damit des »Melodische[n] allein« heraufzuführen: »Denn anscheinend, und wahrscheinlich wird das immer deutlicher werden, wenden wir uns einer neuen Epoche des polyphonen Stils zu, und wie in den früheren Epochen werden die Zusammenklänge Ergebnis der Stimmführung sein: Rechtfertigung durchs Melodische allein!«, heißt es in Arnold Schönbergs *Harmonielehre*.[6] Und Webern selbst bemerkte zu Karl Amadeus Hartmann: »Meine Melodien wird noch einmal der Briefträger pfeifen!«[7] Nach der seitdem verstrichenen Zeit muss indes als gesichert gelten, dass Webern sich in den Briefträgern ebenso täuschte wie in sich selbst.

Die Täuschung über die Briefträger erklärt sich weitgehend von selbst. Weberns Selbsttäuschung aber liegt in einer Verwechslung der musikalischen

5 Jonathan W. Bernard, *Pitch / Register in the Music of Edgard Varèse*. In: *Music Theory Spectrum*, Nr. 3, 1981: »bei Varèse gibt es nahezu nichts, das einer Melodie oder Linie ähnelt« (»in Varèse there is almost nothing resembling melody or line«).

6 Arnold Schönberg, *Harmonielehre* [1911]. Wien: Universal-Edition 1922.

7 Karl Amadeus Hartmann, *Lektionen bei Anton Webern. Briefe an seine Frau*. In: Ders., *Kleine Schriften*. Hrsg. v. Ernst Thomas. Mainz: Schott 1965.

Charakteristik von Melodien mit der jener Reihen, die in der »Methode der Komposition mit zwölf nur aufeinander bezogenen Tönen« – wie Schönberg sie einzig genannt haben wollte – den Ausgangspunkt kompositorischer Arbeit bilden. Einer Reihe ist es angemessen zu sagen, der Komponist, etwa Webern, habe die Töne, die sie bilden, in ihrer Reihenfolge gewählt. Mit Blick auf eine Melodie wäre eine solche Formulierung seltsam. Man sagt vielmehr, eine Melodie sei jemandem in den Sinn gekommen oder eingefallen. Dies verweist auf eine Differenz in der Sache, ungeachtet des Umstands, dass der Befund mit allerhand törichten Deutungen umrankt werden kann und tatsächlich umrankt worden ist. Eine davon ist das Ausspielen von Intuition gegen Konstruktion, Gefühl gegen Verstand. Jedes Kunstwerk von einiger Ausdehnung, auch jede musikalische Komposition von einiger Länge, geht notwendig auch aus konstruktiver Arbeit hervor. Und diese bedarf der Mitwirkung des Verstandes. Mit dem Ausspielen von Intuition gegen Konstruktion, Gefühl gegen Verstand verknüpft sich in der Regel eine Verhimmelung des Einfalls. Auch sie ist grundlos. Die Quelle als solche verbürgt nicht die Qualität dessen, was aus ihr sprudelt; es kann jemandem selbstverständlich auch eine banale Melodie einfallen. Was einem einfällt, dies gilt für Musikalisches ebenso wie für Außermusikalisches, ist der Kritik zugänglich und bedürftig.

Das Verhimmeln des Einfalls zu durchschauen ist allerdings kein Grund, den Unterschied zwischen einer Melodie und einer Reihe, wie der von Weberns *Trio für Geige, Bratsche und Violoncello* op. 20, zu übersehen. Reihen haben mit Melodien gemeinsam, dass es sich um Folgen von Tönen handelt. Die Identität einer Melodie liegt aber nicht allein im Tonhöhenverlauf, sondern auch in ihrem Rhythmus. In einer Melodie kann man zwar den Tonhöhenverlauf und den Rhythmus unterscheiden – zu Zwecken der Analyse –, doch man kann sie nicht trennen. Wer einer Melodie ihren eigentümlichen Rhythmus nimmt, hat nicht mehr diese Melodie vor sich, sondern etwas anderes – möglicherweise ein sinnloses Gebilde. Für die Technik, die Webern verwendete, ist hingegen die Trennung der Parameter, hier Tonhöhe und Tondauer, konstitutiv – nicht nachträglich zu Zwecken der Analyse, sondern von vornherein im künstlerischen Schaffen.

Gegen einen solchen Befund scheint freilich der Arbeitsprozess zu zeugen, der insbesondere in Ludwig van Beethovens Skizzenbüchern dokumentiert ist, etwa im Hinblick auf die Ode an die Freude. Doch dem ist nur so, wenn wiederum ein Unterschied übersehen wird. Auch Beethoven sind Melodien eingefallen – mehr, als er brauchen konnte. Das zeigen manche seiner Skizzenbücher. Das Überdenken und Abwandeln aber, das in vielen Skizzen Beethovens zutage tritt, galt nicht der Herstellung von Melodien, sondern von Themen. Die Eignung eines Themas entscheidet sich an der Frage, ob sich viel aus ihm machen lässt. Je mehr etwas von sich aus bereits ist, desto weniger lässt sich noch aus ihm machen. Die schönsten Melodien sind selten die geeignetsten Themen, jedenfalls nicht für Sonatensätze der Beethovenschen Art. Umgekehrt sind die besten Themen selten ausnehmend schöne Melodien. Eine schöne Melodie genügt sich selbst, während »Thema«, von griechisch *tithenai*, »(auf)stellen«, das ist, was eher nicht sich selbst genügt. Zu weiterer Bearbeitung setzt sich, wer komponiert, ein Thema vor. Die Töne seiner Themen – so legen es die Skizzenbücher nahe – hat auch Beethoven nicht gewählt; er suchte und fand seine Themen, stieß auf sie, entdeckte sie. Wonach Beethoven im Fall seiner größten Symphonie tüftelnd suchte, war ein geeignetes Hauptthema für deren Finale, nicht die wohlklingendste Gesangslinie zur Vertonung von Schillers Worten »Freude, schöner Götterfunken«. So zielte Beethovens Laborieren an den Einfällen oft auf ein Vereinfachen, da Einfacheres entwickelnder thematischer Arbeit in höherem Maße offensteht.

III

Was also ist eine Melodie? Nahe liegt die Antwort, eine Melodie sei die Summe der einzelnen Töne, welche sie bilden. Dass diese Antwort falsch ist, demonstriert eine Transposition der Melodie. Von C-Dur nach Fis-Dur versetzt, haben Original und Transposition keinen einzigen Ton, also kein einziges ihrer Elemente, mehr gemein. Und doch urteilt, wer die Transposition hört: Es ist die gleiche Melodie. Was sie ausmacht, sind nicht ihre Elemente, sondern deren Beziehungen zu einander. Eine Melodie erscheint als »Gestalt«; an einer Gestalt ist das Ganze mehr als die Summe seiner Teile.[8]

Die Melodie ist indes nicht der einzige Fall einer musikalischen Gestalt. Auch ein Akkord, zum Beispiel der verminderte Septakkord, bildet eine solche. Dass der Akkord als Gestalt wahrgenommen wird, ist allerdings nur in Maßen erstaunlich: Schließlich werden seine vier Töne zu gleicher Zeit gehört. Die Einheit, welche diese Gestalt bildet, ist sinnlich präsent. Sie ist es auf ihre Weise ebenso wie die sichtbare Gestalt eines Baumes, zum Beispiel einer Trauerweide: ihr Stamm, ihre Äste, ihre Zweige stehen jedem, der den Baum betrachtet, im selben Moment als ein Ganzes vor Augen. Anders,

8 Christian von Ehrenfels, *Über Gestaltqualitäten* [1890/1922]. In: Ders., *Philosophische Schriften in vier Bänden*. Bd. 3. Hrsg. v. Reinhard Fabian. München: Philosophia 1988. Die Formel vom Ganzen, das mehr ist als die Summe seiner Teile, geht wohl zurück auf Aristoteles' *Metaphysik*.

verwunderlicher, liegt der Fall einer Melodie. Jeder ihrer Töne muss verschwinden, damit der nächste zur Geltung kommen, das heißt: damit sie sich als Melodie entfalten kann. Ihre Einheit ist der sinnlichen Wahrnehmung entzogen. Wer diese Einheit sichtbar zu machen hätte, würde typischerweise eine Kurve zeichnen: die Melodiekurve. Melodische Einheit ist die einer gerichteten Bewegung. Diese Bewegung ist jedoch eine Zutat der Phantasie derer, welche die Melodie hören. Melodie sind ja nicht die Notenköpfe, die auf dem Papier stehen. Was da steht, bezeichnet sie bloß: Es ist nur der Möglichkeit nach eine Melodie. Zur Melodie wird die Tonfolge erst, wenn sie als Melodie gehört wird, äußerlich, also klingend, oder innerlich, sofern jemand zu innerem Hören befähigt ist.

Melodik zu verstehen bedeutet demnach, die Bewegung von Tönen zu verstehen, und das heißt zunächst: Bewegung nicht im wörtlichen Sinn misszuverstehen. Im Unterschied etwa zu Vögeln sind Töne nichts, das sich bewegen könnte. Zwar ist ihr physikalisches Substrat bewegte Luft; doch wer Töne vernimmt, hört nicht Luftbewegung, so etwas wie Windesrauschen. Auch der Violinbogen bewegt sich über die Saiten; doch wiederum: Nicht der Violinbogen wird gehört, sondern eine Bewegung der Töne. Beim Hören von Takt 79 (bei Buchstabe U) von Ligetis *Melodien* kann, wer auf die erste Sologeige (»Violine A«) achtet, eine aufsteigende Tonbewegung *c – es – g – as – b* vernehmen. Doch jeder Ton bleibt unvermeidlich an seinem Platz; nichts verändert seinen Ort. Nicht einmal Übergänge gibt es zwischen den Tönen einer Melodie, im Gegensatz zur Kontinuität wirklicher Bewegung. Wer gleitende Übergänge schaffen würde, etwa mit elektronischen Mitteln, erzeugte sirenenartiges Geheul, keine Melodie. In einer Melodie geschieht im eigentlichen Sinne nichts weiter, als dass Töne aufeinander folgen. Die Bewegung, eine nur metaphorische, und damit die Einheit der Melodie, verdankt sich der Einbildungskraft. Wie aber kann dies zustande kommen?

Die naheliegende Antwort scheint zu sein, dass, wer zuhört, sich beim Vernehmen des zweiten Tons an den ersten erinnert, beim Vernehmen des dritten an den zweiten, und so weiter. Die Einheit der Gestalt, da sie, anders als beim Akkord oder beim Baum, nicht in der Sinnesempfindung gegeben ist, würde vielmehr im Geist hergestellt. Die Phantasie, so scheint es, kann den Eindruck melodischer Bewegung nur erzeugen, wenn ihr das Erinnern zuarbeitet. Freilich wäre es nicht genug, sich beim Hören des dritten Tones an den zweiten zu erinnern; man müsste vielmehr an den zweiten und den ersten denken, beim Hören des vierten Tones an den dritten und den zweiten und den ersten, und so weiter: Denn was sich aufbauen soll, ist ja das Ganze, die Einheit der Gestalt insgesamt. Phänomenologisch verfehlt eine solche Beschreibung das Musikhören. Der Wiener Musiktheoretiker Victor

Zuckerkandl lud in dieser Frage geradewegs zum Selbstversuch ein: »Wer dazu fähig ist, soll sich, während er einen Melodieton hört, an den unmittelbar vorangegangenen erinnern. In dem Augenblick, da er es tut, wird er den Faden der Melodie verloren haben. Das Hören einer Melodie ist ein Hören mit der Melodie, das heißt in engster Bindung an den jeweils erklingenden Ton.«[9]

Gewiss gibt es verschiedene Arten des Hörens. Doch das konzentrierte Hören auf die Musik, das kein bloßes Hören ist, sondern ein Zuhören, spannt die Aufmerksamkeit auf den hier und jetzt erklingenden Ton. Es soll bei musikalischem Hören im vollen Sinne ja nicht lediglich die (bei Kompositionen notierte) Tonhöhe erfasst werden, sondern auch die Artikulation, die dynamische Nuancierung, die Diktion und die wechselnde Timbrierung etwa einer Gesangsstimme. Wer sich jedoch erinnerte, also an Früheres dächte, wäre nie wirklich im Hier und Jetzt.

Dieses Argument lässt sich noch einen Schritt weiter treiben: »Daß das abgelaufene Stück der Melodie für mich gegenständlich ist, verdanke ich – so wird man geneigt sein zu sagen – der Erinnerung«, bemerkt Edmund Husserl in seinen *Vorlesungen zur Phänomenologie des inneren Zeitbewußtseins*. »Bei dieser Erklärung können wir uns aber nicht beruhigen, denn alles Gesagte überträgt sich auch auf den einzelnen Ton. Jeder Ton hat selbst eine zeitliche Extension, beim Anschlagen höre ich ihn als jetzt, beim Forttönen hat er aber ein immer neues Jetzt, und das jeweilig vorangehende wandelt sich in ein Vergangen.«[10] Der Rekurs auf Erinnerung sollte das Rätsel des Melodiehörens – unter der Voraussetzung, dass es ein solches gibt – lösen; aber er verschiebt die Frage nur. Das Melodiehören ist unter den Prämissen einer solchen Problemstellung nicht weniger rätselhaft, eben darum aber auch nicht rätselhafter als das Hören eines einzelnen Tons.

In den Erklärungsversuchen wird so getan, als könne man sich außerhalb der Zeit aufstellen, um sodann die Faktoren zu identifizieren, die zur Zeitlichkeit der Erfahrung, hier der Erfahrung einer Melodie, beitragen. Denn nur dies, ein *explanans* (oder eine Mehrzahl solcher) jenseits des *explanandum*, würde eine Erklärung ausmachen. Die Erklärungsversuche laufen ins Leere, weil sie zu erklären versuchen, was jeder solche Erklärungsversuch voraussetzen muss: die Zeitlichkeit der Erfahrung. Ihrer Unvermeidlichkeit halber nennt Kant die Zeit eine »Form der Anschauung«. Das Hören der Melodie, ja, wie Husserl hinzufügt, schon des Tones, besteht in der Erfah-

9 Victor Zuckerkandl, *Die Wirklichkeit der Musik*. Zürich: Rhein-Verlag 1963.

10 Edmund Husserl, *Vorlesungen zur Phänomenologie des inneren Zeitbewußtseins* [1928]. Hrsg. v. Martin Heidegger. Tübingen: Niemeyer 2000.

rung derselben respektive desselben in ihrer Zeitlichkeit; ein Verhältnis der Erklärung ist damit ausgeschlossen. Melodien sind eben, wie Husserl es ausdrückt, »Zeitobjekte« – »Objekte, die nicht nur Einheiten in der Zeit sind, sondern die Zeitextension auch in sich enthalten«. Unter Zeitobjekten versteht Husserl also Gegenstände, die nicht lediglich dauern, sondern die zu erfahren heißt, das Dauern, die zeitliche Erstreckung selbst zu erfahren. Sichtbare und greifbare Dinge sind keine Zeitobjekte im Sinne Husserls; sie sind zwar in der Zeit, doch Zeit gelangt durch sie nicht, wie im Hören einer Melodie, zu unmittelbarer Wahrnehmung. Auszusetzen ist hier an Husserls Redeweise einzig der Gebrauch des Wortes »Objekt«. Objekt ist Gegenstand. Doch Melodien stehen denen, die sie hören, nicht entgegen. Sie sind ebenso sehr in ihnen wie außer ihnen. Mit dem an dieser Stelle unvermeidlichen Zitat aus T. S. Eliots *Four Quartets* gilt von Melodien: »[...] you are the music || While the music lasts«.[11]

IV

Melodien zu hören heißt notwendigerweise, Zeit zu erfahren; dies bedeutet jedoch nicht, dass Melodien selbst notwendig sind. Am Fehlschluss vom einen aufs andere lässt sich mit Grund Anstoß nehmen – und dieser Umstand rückt sowohl die Melodieskepsis von Theoretikern wie Dahlhaus und Abraham als auch die Melodieabstinenz der Neuen Musik in günstigeres Licht. Denn es gab und gibt herkömmlich einen denkfaulen Kult der Melodie, dessen Einfalt sich Bahn bricht in Sätzen wie etwa: »In der Melodie offenbart die Musik ihr Wesen völlig.«[12] Der Gedanke, dass die Melodie das Wesen der Musik sei oder gar dessen »Offenbarung«, beruht auf einer überaus schlichten Überlegung: Eine Melodie, ohne jede Harmonisierung, ist bereits etwas, ein selbständiges Stück Musik. Eine harmonische Abfolge hingegen ergibt im Grunde nur Sinn als Harmoniefolge zu etwas, etwa jener selbständigen Melodie. Dieser Gedanke scheint plausibel und deckt doch nur unsolide Schwärmerei. Wer in einer Musikkultur mit entfaltetem Tonsystem aufwächst, kann in der Regel nicht umhin, einer Melodie im Hören einen bestimmten harmonischen Sinn beizulegen.[13] Das tut bereits, wer auch

11 T. S. Eliot, *The Dry Salvages* [1941]. In: Ders., *Collected Poems 1909–1962*. New York: Harcourt, Brace & World 1963.

12 Hans Renner, *Grundlagen der Musik*. Stuttgart: Reclam 1976 (mit einigen Inkonsequenzen und willkürlichen Behauptungen im weiteren Verlauf).

13 H. Christopher Longuet-Higgins, *The Perception of Melodies*. In: Ders., *Mental Processes. Studies in Cognitive Science*. Cambridge / Mass.: MIT Press 1987.

nur deren letzten Ton als Tonika hört; denn Tonika zu sein ist eine harmonische Funktion. Und um den Ton so zu hören, bedarf es keineswegs der wenig verbreiteten Kenntnis des musiktheoretischen Terminus »Tonika«.[14]

Die Organisation der Töne in die beiden Tongeschlechter Dur und Moll und je zwölf Tonarten innerhalb dieser ist allerdings nach Ort und Zeit ein Spezialfall. In der Hindustanischen Musik Nordindiens und der Karnatischen Musik Südindiens etwa werden die Töne anders geordnet. Doch in jeder entwickelten Musikkultur sind Rhythmik, Melodik, Harmonik weithin so miteinander verschränkt, dass es kaum Sinn ergibt, einen ihrer Aspekte gegen einen anderen auszuspielen. Ein solches Gefüge spricht aber auch dagegen, einen dieser Aspekte zur Substanz der Musik und die anderen demgemäß zu ihren Akzidentien zu erklären. In der Melodie liegt weder das Wesen der Musik noch dessen Offenbarung – nicht etwa, weil etwas anderes dies für sich beanspruchen könnte, sondern weil keiner ihrer Aspekte eine solche Rolle sinnvollerweise beanspruchen kann.

Obschon die verschiedenen Seiten jedenfalls der europäischen Musik lange »weithin« miteinander verschränkt waren, gab es in der gesamten Neuzeit Musikstücke, die nicht auf Melodien basierten: in – falls man diese teils musikhistorisch fragwürdigen Bezeichnungen verwenden will – der Renaissance, im Barock, in Vorklassik, Sturm und Drang, Empfindsamkeit und Klassik, in der frühen und der späten Romantik. Da es angeblich das Gemüt ist, welches nach Melodien hungert, sind die melodielosen Stücke häufig solche, die sich ums Gemüt nicht kümmern und mit besonderem Witz aufwarten. Unter ihnen sind Capricci, Toccaten, ausgedehnte Instrumentalrezitative, aber auch individuelle kompositorische Lösungen, auf die gar kein Etikett passt. Im Mittelteil des dritten Satzes von Joseph Haydns Streichquartett in Es-dur op. 76, Nr. 6, mit der unüblichen Bezeichnung »Alternativo« versehen, besteht das musikalische Material aus Tonleiterabschnitten – gewiss keiner Melodie. Dies erzeugt, wie öfter bei Haydn, eine denkwürdige Zweideutigkeit. Soll man beeindruckt davon sein, dass es dem Komponisten gelang, einen ganzen Formteil ohne eine einzige Melodie zu bestreiten? Oder soll man ernüchtert davon sein, wie kahl Musik wird, wenn sie auf Melodien verzichtet?

Musik ohne Melodie ist also weder unerhört noch ein Novum musikalischer Avantgarden des 20. Jahrhunderts. In der Tat eine neue Idee letzterer war es hingegen, Melodien für »tabu« zu erklären, wie György Ligeti bei

14 Karol Berger, *A Theory of Art*. Oxford University Press 2000: »Ohne irgendeine theoretische Ausrüstung bewerkstelligen wir dies versiert« (»This we can do competently without any theoretical equipment«).

Gelegenheit seiner eigenen *Melodien* notierte. Angesichts dessen, was sich mit diesem Mittel ausrichten und ohne es nicht ausrichten lässt, handelt es sich bei dieser einst neuen um keine sonderlich gute Idee. Durch sie wurden Melodien zur verbotenen Frucht der Neuen Musik; sie sind es bis heute. In scheinbarer Aneignung von Ligetis Titel heißt zwar Helmut Lachenmanns letztes größeres Werk: *My Melodies* (2018). Ligeti indes meinte mit seinem Titel, was er sagte. Durch die englische Fassung des Titels spöttisch in Richtung Pop-Charts gestikulierend, wiederholt hingegen Lachenmann nur noch einmal das notorische *out of sale*: Melodie – das geht nicht mehr, das kann man nicht mehr machen. Auf die verbotene Frucht weist er distanziert und distanzierend hin; sie zu ergreifen hütet sich der Komponist. Was dann übrigbleibt, sind – das scheint der Sinn des Possessivpronomens im Titel – seine, Helmut Lachenmanns, eigentümliche Melodien: tönende Demonstrationsobjekte der Unmöglichkeit von Melodik.

Verbotene Früchte zählen zur Grundausstattung von Paradiesen. Denn was wäre Eden ohne die notwendige Kontrastfolie, den drohenden Aufenthalt im Nicht-Eden? Schon Ligeti, der alles andere als nostalgisch gesonnen war, sah sich, als er *Melodien* komponierte, mit dem Vorwurf des Verrats an der Neuen Musik konfrontiert. Wer Melodien schreibt, ist damit reif, aus ihrem Garten verbannt zu werden. Vielleicht aber lässt sich dies verschmerzen. Denn wie paradiesisch dieser Schutzpark war und ist, bleibt doch die Frage.

www.tropen.de

Victoria Kielland
Meine Männer
Roman

Aus dem Norwegischen von Elke Ranzinger
192 Seiten, gebunden mit Schutzumschlag
ISBN 978-3-608-50183-4
€ 22,– (D) / € 22,70 (A)
Auch als ebook

»Dieser faszinierende, unkonventionelle Roman ist absolut mitreißend.«
Karl Ove Knausgård

Was macht eine Frau zur Mörderin und wie erzählt man davon? Brynhild ist gerade erst siebzehn, als sie sich mit jeder Faser ihres Körpers verliebt und unvorstellbare Gewalt erfährt. Sie flieht von Norwegen in die USA, will dort neu beginnen, doch in ihrem Innern wütet ein unerbittliches Feuer. Mit einzigartiger Sprachkraft taucht Victoria Kielland ein in die Psyche der ersten amerikanischen Serienmörderin. Ein dichter, bildgewaltiger Roman, der vor roher Sinnlichkeit vibriert.

»Ein einzigartiger Roman von ungewöhnlicher Kraft von einer furchtlosen und bemerkenswerten Autorin.«
The Guardian

Tropen

Europa-Kolumne

Lässt sich das europäische Demokratiedefizit beheben?

Von Martin Höpner

Die bevorstehenden Wahlen zum Europäischen Parlament (EP) ermuntern zu der Frage, wie es um die demokratische Qualität der Europäischen Union bestellt ist. Um dieses Thema rankt sich eine politikwissenschaftliche Fachdebatte, die mittlerweile schwer zu überschauen ist. Wenn ich im Titel dieser Kolumne frage, ob sich das europäisches Demokratiedefizit beheben lässt, setze ich die Existenz eines solchen Defizits freilich bereits voraus. Ist diese Unterstellung fair?

Die EU und die Standards parlamentarischer Demokratie

Vergegenwärtigen wir uns, ob das politische System der EU den Anforderungen an eine parlamentarische (nur eine solche kommt hier infrage) Demokratie genügt. Der erste Blick gilt den Wahlen. Dem deutschen Grundgesetz zufolge müssen sie allgemein und unmittelbar, frei, gleich und geheim sein (so steht es in Artikel 38 GG). Die Wahlen zum Europäischen Parlament erfüllen die meisten dieser Kriterien, aber sie sind nicht gleich. Die Stimme einer maltesischen Wählerin zählt ungefähr zehnmal so viel wie die einer deutschen Wählerin. Der Fachterminus hierfür ist die *degressive Proportionalität.*

Ist das Parlament einmal gewählt, fehlt ihm das Recht, Gesetzesinitiativen auf den Weg zu bringen. Daher können die europäischen Parteien auch nur wenig belastbare Wahlversprechen machen, dürfen sie doch nach der Wahl keine zu den Versprechen passenden Gesetzentwürfe einbringen. Zudem fehlt dem EP, was man normalerweise als Königsrecht der Parlamente ansieht: das Budgetrecht. Der Umfang der Mehrjährigen Finanzrahmen wird im Rat verhandelt, nicht im Europäischen Parlament.

Vor allem aber geht anders als in parlamentarischen Demokratien aus der Parlamentsmehrheit keine Regierung hervor. Die Parteihintergründe der Kommissarinnen und Kommissare ergeben sich aus den politischen Mehrheiten in den Mitgliedstaaten, nicht aus den Europawahlen. Lehnt das EP einzelne Kandidaten für die nächste Kommission ab, hat das nichts mit deren Parteizugehörigkeit zu tun. Kurz, für die Qualifizierung des politischen Systems der Europäischen Union als parlamentarische Demokratie spricht wenig.

Dieser Nachweis eines europäischen Demokratiedefizits taugt nicht viel. Ich habe ihn gleichwohl an den Beginn der Überlegungen gestellt, weil locker zwei Drittel der Debatte so vorgehen. Das gilt für EU-Kritiker und Integrationisten gleichermaßen. Die einen wollen auf diese Weise die Defizite der Union herausstellen, die anderen wollen aufzeigen, an welchen Stellschrauben man drehen muss, um die EU zu einer vollständigen Demokratie zu machen. Man nennt das die *staatsanaloge Betrachtungsweise*, oder treffender: den staatsanalogen Fehlschluss. Die EU ist aber kein Staat, sondern die obere Ebene eines Mehrebenensystems. Die Prüfkriterien für ein Demokratiedefizit müssen daher andere sein als jene, die man an einen parlamentarischen Staat anlegen würde.

Abgeleitete Demokratie

Es lohnt daher, dem staatsanalogen Fehlschluss eine alternative Betrachtungsweise an die Seite zu stellen. Die Europäische Union besteht aus Mitgliedstaaten, die ihrerseits Demokratien sind. Deren Regierungen üben ihr demokratisches Mandat aus, indem sie die EU mit Aufgaben betrauen. Bei der Wahrnehmung dieser Aufgaben ist die Union, wie der Politikwissenschaftler Fritz W. Scharpf herausstellt, viel abhängiger von den Mitgliedstaaten als Föderalstaaten von ihren Untergliederungen.[1] Und zwar nicht nur, weil sie darauf angewiesen ist, dass die an der europäischen Integration teilnehmenden Länder das EU-Recht in ihr nationales Recht überführen – so etwas ähnliches kennen wir auch aus dem deutschen Föderalismus, wo die Länderverwaltungen Bundesrecht umsetzen.

Entscheidend ist eine andere Art von Abhängigkeit. Im deutschen Föderalismus adressieren die Wählerinnen und Wähler vor allem die obere Bundesebene, selbst noch bei Landtagswahlen. In der EU ist es andersherum, die Wähler adressieren vor allem die untere Ebene, also die Mitgliedstaaten. Das tun sie schon allein, weil sie kaum erkennen können, ob ein neues Gesetz einen europäischen Ursprung hat oder nicht. Die nationalen Regierungen halten in europäischen Angelegenheiten den Kopf hin und werden möglicherweise abgewählt, wenn etwas schiefläuft. Sie haben daher große Anreize, dafür zu sorgen, dass die EU die ihr zugewiesenen Kompetenzen nicht unkontrolliert ausdehnt.

In dieser Betrachtungsweise, die wir die *Lehre von der abgeleiteten Demokratie* nennen wollen, erfolgt die Demokratiezufuhr aus den Mitgliedstaaten. Wenn die beschriebenen Legitimations- und Herrschaftsketten gut funktionieren, gibt es gar keinen Bedarf an einer Volldemokratisierung der EU. Im Ergebnis entlasten diese Überlegungen die EU davon, selbst demokratisch sein zu müssen. Aber diese Entlastung ist nicht grenzenlos. Wie wir im weiteren Verlauf der Diskussion sehen werden, spricht viel dafür, dass am Ende immer noch ein – mutmaßlich wachsendes – Demokratiedefizit verbleibt.

Wenn das so ist – steht dann nicht außer Frage, dass wir das Europäische Parlament weiter stärken sollten? Die Lehre von der abgeleiteten Demokratie mahnt zur Vorsicht. Die Frage ist, auf wessen Kosten diese Stärkung erfolgen soll. Gesteht man dem EP ein Initiativrecht zu, muss die Kommission ihr bisheriges Monopol auf Gesetzesinitiativen künftig mit dem Parlament teilen. Für die abgeleitete Legitimationskette ist diese Neujustierung der Befugnisse zweier supranationaler Organe unproblematisch.

Mutige Reformerinnen und Reformer haben aber anderes im Sinn. Sie wollen das Europäische Parlament zum Haupt-

1 Fritz W. Scharpf, *Legitimität im europäischen Mehrebenensystem*. In: *Leviathan*, Nr. 37/2, Juni 2009.

entscheider machen und den Rat im Gegenzug in die Rolle einer Zweiten Kammer drängen. Solche Vorschläge laufen Gefahr, die EU zwar weiter zu parlamentarisieren, gleichzeitig aber die über den Rat verlaufende, abgeleitete Demokratiezufuhr zu schwächen. Die Chancen, die europäische Gesetzgebung über Wahlen zu steuern, sind am Ende möglicherweise kleiner statt größer geworden. Entsprechend kritisch sind solche Ideen zu prüfen.

Aber es gibt doch Mehrheitsentscheidungen?

Mit der Lehre von der abgeleiteten Demokratie will sich nicht so recht vertragen, dass der Rat in vielen Bereichen zu Mehrheitsentscheidungen übergegangen ist – zuerst bei der Regulierung des Binnenmarkts und inzwischen in zahlreichen weiteren Politikfeldern. Damit gelingt der EU die Auflösung von Entscheidungsblockaden. Es bedeutet aber auch, dass die Mitgliedstaaten europäische Gesetze umsetzen müssen, die von ihren Regierungen kraft ihres demokratischen Mandats nicht befürwortet wurden. Für die über die Mitgliedstaaten verlaufende Legitimationskette ist das heikel.

So erklärt sich, warum der Rat im Zweifel versucht, auch dann einen Konsens zu finden, wenn er mit qualifizierter Mehrheit entscheiden kann. Julina Mintel und Nicolai von Ondarza haben auf Grundlage von Abstimmungsprotokollen seit 2010 errechnet, dass der Rat in ungefähr 60 Prozent der Fälle trotz der Möglichkeit eines Mehrheitsentscheids einstimmig entscheidet. Vernachlässigt man Enthaltungen, handelt es sich sogar um 80 Prozent der Fälle.[2] Selbst wenn man das in Rechnung stellt, verbleiben natürlich 20 bis 40 Prozent Mehrheitsentscheide. Ist das ein schwerwiegendes Problem?

Niederlagen im Rat werden unter normalen Umständen als unproblematisch verbucht. Die überstimmte Minderheit hat ja jede Chance, bei der nächsten Abstimmung wieder Teil der Mehrheit zu sein. Schwierigkeiten entstehen, wenn es bei der verlorenen Abstimmung um eine für das betroffene Land besonders sensible Materie ging. Heikel wird es für die EU insbesondere dann, wenn Länder oder Ländergruppen systematisch majorisiert werden. Geschieht das, werden sich die immer wieder unterlegenen Länder wahrscheinlich von der Union entfremden, Obstruktionspolitik betreiben und früher oder später einen Austritt erwägen. Derzeit werden osteuropäische Länder besonders häufig überstimmt.

Für viele Reformerinnen und Reformer scheint klar zu sein, dass die EU grundsätzlich – überall – zu Mehrheitsentscheiden übergehen soll: in der Außenpolitik, der Sozialpolitik, der Steuerpolitik. Vor solchem Übereifer kann man nur warnen. Die Idee läuft Gefahr, bereits vorhandene Risse zu gefährlichen Spaltungen zu vertiefen, statt die Integration voranzubringen. Das spricht nicht grundsätzlich gegen Mehrheitsentscheidungen. Wo ein Übergang zur Mehrheitsregel ratsam ist, lässt sich aber nur von Fall zu Fall prüfen.

2 Julina Mintel/Nicolai von Ondarza, *Mehr EU-Mehrheitsentscheidungen – aber wie?* In: *SWP-Aktuell*, Nr. 60, Oktober 2022.

Die Eingriffstiefe europäischer Entscheidungen

Der Lehre von der abgeleiteten Demokratie zufolge zehrt die Legitimität europäischer Entscheidungen von der Bereitschaft und Fähigkeit der mitgliedstaatlichen Regierungen, europäische Beschlüsse vor ihren Bürgerinnen und Bürgern zu verantworten. Ob das funktioniert, hängt natürlich nicht nur von den Entscheidungsprozeduren, sondern auch von den Inhalten ab. In der Forschungsliteratur stehen insbesondere zwei Autoren für die Sicht, dass die europäische Politik in dieser Hinsicht unbedenklich ist: Andrew Moravcsik und Giandomenico Majone.[3]

Moravcsik zufolge konzentriert sich die EU auf Politiken, die nur wenig Demokratie erfordern: Sie reguliert politische Externalitäten, die sich aus der transnationalen Wirtschaftstätigkeit ergeben. Majone ging in seinem Buch *Regulating Europe* noch einen Schritt weiter. Er argumentierte, dass die Behebung von transnationalem Marktversagen, um das sich die Union vor allem kümmert, gänzlich oder zumindest im Saldo eine *pareto-effiziente* Sache ist. Das bedeutet, dass es nach den Entscheidungen manchen oder vielen besser, aber keinem schlechter geht (also keine Redistribution). Solche Betätigungen, so Majone, erfordern nicht nur wenig demokratische Legitimation, nein: Sie *sollen* auch gar nicht politisiert werden. Vielmehr sind sie bei einer technokratischen Behörde genau richtig aufgehoben.

Diese Sicht der Dinge mag für vergangene Phasen der europäischen Integration plausibel gewesen sein. Aber nicht mehr für die letzten zwanzig und schon gar nicht für die letzten zehn Jahre. Die Tätigkeiten der Europäischen Union sind über den Binnenmarkt und eng benachbarte Politikfelder hinausgewachsen und betreffen heute Steuern, Staatsverschuldung, Standards bei der Gewährung von Asyl und vieles mehr. Die Entscheidungen haben in vielen Fällen nicht nur regulative und distributive, sondern auch redistributive Wirkungen. Und sie haben eine Eingriffstiefe, die in tiefste Verästelungen der Arbeits- und Sozialpolitik reichen, bis hinunter zu den Arbeitszeitregelungen bei der freiwilligen (!) Feuerwehr.[4] Mit dieser Vertiefung europäischer Eingriffe steigen auch die Anforderungen in Sachen demokratischer Legitimität.

Interessant ist, dass zumindest einer der genannten Autoren, Giandomenico Majone, das inzwischen ganz genauso sieht. Die makroökonomischen Überwachungs- und Korrekturverfahren und insbesondere die Haushaltsregeln, die die EU im Zuge der Euro-Krise einführte, bewogen ihn zu einer Revision seiner Theorie. Wenn die Union mitgliedstaatliche Budget-Entwürfe prüft und gegebenenfalls zurückweist, noch bevor die nationalen Parlamente sie umfassend beraten konnten, so Majone, dann sei das nicht mehr der »regulative Staat«, den er einst beschrieb.[5] In eine

3 Andrew Moravcsik, *In Defence of the »Democratic Deficit«: Reassessing Legitimacy in the European Union*. In: *Journal of Common Market Studies*, Nr. 40/4, Dezember 2002; Giandomenico Majone, *Regulating Europe*. London: Routledge 1996.

4 Ein Beispiel unter mehreren ist EuGH (C–214/20), Urteil vom 11. November 2021.

5 Giandomenico Majone, *From the Democratic Deficit to a Democratic Default?* In: *European Alternatives* vom 12. Februar 2013

ähnliche Kerbe schlägt Fritz W. Scharpf: Mit ihren äußerst redistributiven Eingriffen in die Euro-Krisenländer habe die EU ihre Legitimitätsgrundlagen dysfunktional überspannt.

Ein Zwischenfazit: Die staatsanaloge Betrachtungsweise führt in die Irre. Ein Stück weit entlasten die mitgliedstaatlichen Demokratien die EU davon, selbst demokratisch sein zu müssen. Aber diese Entlastung hat ihre Grenzen – und über diese dürfte die Union inzwischen hinausgewachsen sein. Viel spricht daher dafür, dass im Saldo tatsächlich ein Demokratiedefizit verbleibt.

Am Unionsgesetzgeber vorbei

Europäische Rechtsetzung bedeutet, dass sich die Mitgliedstaaten in den Verträgen auf einen Kompetenzkatalog verständigen und der Unionsgesetzgeber diese Kompetenzen im Anschluss ausübt – so sollte man meinen. Tatsächlich aber erfolgt viel europäische Politik am europäischen Gesetzgeber vorbei, etwa durch Entscheidungen des Europäischen Gerichtshofs (EuGH) oder der Europäischen Zentralbank (EZB). Ist das der Fall, dann bewirkt eine Stärkung des Europäischen Parlaments von vornherein kein Mehr an europäischer Demokratie. Wer die europäische Politik über Wahlen steuern will, muss also zunächst einmal dafür sorgen, dass sie tatsächlich das politische System durchläuft.

Eine Besonderheit der EU ist die Stärke und oft sogar Dominanz der »Integration durch Recht«. Damit sind Entscheidungen gemeint, die nicht im politischen, sondern im juridischen Modus gefällt werden: als vom EuGH administrierter Verfassungsvollzug. Das geschieht, indem das europäische Höchstgericht primärrechtliche Bestimmungen mit immer mehr Rechtspflichten der Mitgliedstaaten gegenüber der EU auflädt – mit viel Kreativität und ausgeprägter Eingriffstiefe.[6]

Ein weiterer Trend mit zweifelhaftem demokratischen Gehalt ist die zunehmende Bedeutung länderspezifischer Vorgaben. Seit Einführung der so genannten Europa-2020-Strategie im Jahr 2010 formuliert die Kommission länderspezifische Empfehlungen, die zunächst einen weichen, weil unverbindlichen Charakter hatten. Sie wurden mit den seit jeher härteren, weil sanktionsbewehrten Haushaltsvorgaben im Europäischen Semester gebündelt, das im Kern der Koordination der Wirtschafts-, Haushalts-, Beschäftigungs- und Sozialpolitik dient. Länderspezifische Empfehlungen betreffen darüber hinaus aber etwa auch Bildung, Gesundheit, die öffentliche Verwaltung und anderes mehr.

Weiche Koordinationsverfahren verursachen an sich kein Demokratieproblem, und so ist auch das Europäische Semester an sich keine schlechte Sache. Warum sollte die Kommission die europäische Integration nicht voranbringen, indem sie auf Grundlage der ihr zur Verfügung stehenden Länderdaten *best practices* identi-

(euroalter.com/from-the-democratic-deficit-to-a-democratic-default/).

6 Dieter Grimm, *Europa ja – aber welches? Zur Verfassung der europäischen Demokratie.* München: Beck 2016. – Diese Dimension der europäischen Integration war unter dem Titel *Überdreht: Die Integration durch Recht* Gegenstand der *Europa-Kolumne* in *Merkur*, Nr. 875, April 2022.

fiziert und daraus an die Mitgliedstaaten gerichtete Empfehlungen ableitet? Und warum sollte das nicht so organisiert sein, dass die Empfänger sich im Anschluss ernsthaft mit den Empfehlungen beschäftigen und der Kommission Antworten zuleiten müssen? Solange die Umsetzung der Empfehlungen nicht verpflichtend ist, entsteht auch kein Problem daraus, dass sich das Semester annähernd über die gesamte Bandbreite der mitgliedstaatlichen Politik erstreckt, also unabhängig davon, ob die EU in den jeweiligen Bereichen über Gesetzgebungskompetenzen verfügt oder nicht.

Vertikale Bilateralisierung

Anders sieht es aus, wenn aus länderspezifischen Empfehlungen durch die Hintertür harte Vorgaben werden. Dieser Vorgang, den ich als *vertikale Bilateralisierung* bezeichnen möchte, ist ein Megatrend der europäischen Integration. Ein Extremfall waren die Troika-Vorgaben zur Bewältigung der Euro-Krise. Sie wurden in *Memoranda of Understanding* niedergelegt, die offiziell freiwillige bilaterale Vereinbarungen waren. Mit der Freiwilligkeit ist es freilich nicht weit her, wenn die betroffenen Länder wissen, dass die EZB ihnen bei Nichtakzeptanz die Liquidität abschnürt. Auch der Fiskalpakt und die makroökonomischen Überwachungs- und Korrekturverfahren, die nach der Euro-Krise eingeführt wurden, sind sanktionsbewehrt. Kritiker haben sie daher als »Troika für alle« bezeichnet.

In Deutschland findet wenig Beachtung, dass die Härtung länderspezifischer Vorgaben über die Euro-Regeln im engeren Sinne hinausgeht. Seit der Strukturfondsreform von 2014 kommt die Vergabe von Strukturgeldern mit Auflagen jenseits der konkreten Verwendung der Mittel daher. Diesen Trend setzten die unter dem Programm *NextGenerationEU* zusammengefassten Hilfsmaßnahmen im Jahr 2020 fort: Um Gelder aus dem Corona-Aufbaufonds zu erhalten, müssen sich die Teilnehmerländer mit der Kommission über mittelfristige Reformprogramme einigen, die mit dem Zweck der jeweiligen Mittel in keinem Zusammenhang stehen. Nach den Vorstellungen der Kommission sollen die starren Regeln zum Abbau hoher Schuldenquoten künftig Verhandlungen zwischen Mitgliedstaaten und der Kommission weichen, aus denen – ähnlich wie bei der Inanspruchnahme von Mitteln aus dem Aufbaufonds – mittelfristige Reformprogramme folgen sollen.

Der Drang zu vertikaler Bilateralisierung folgt der Einsicht, dass Einheitslösungen für die heterogene Europäische Union oft keine stimmigen Ergebnisse erzeugen. Im Hinblick auf die Effektivität europäischer Eingriffe ist der konstatierte Trend daher konsequent. Gleichzeitig hat er aber eine demokratiepolitisch gefährliche Schlagseite. Die mittel- bis langfristigen Hoffnungen auf eine weitere Demokratisierung des politischen Systems der Union beruhen darauf, dass transnationale Diskurse über europäische Regeln einen gemeinsamen politischen Raum entstehen lassen. In diesem Rahmen könnten sich die lockeren europäischen Parteienzusammenschlüsse in die Lage versetzen, sich zu Parteien im engeren Sinne zu verdichten und den Wählerinnen und Wählern unterscheidbare Programm anzubieten.

Angesichts der Heterogenität der innereuropäischen Wirtschafts- und Sozialmodelle kann man über den Realitätsgehalt solcher Erwartungen gewiss streiten. Der Trend zur vertikalen Bilateralisierung ist aber von vornherein etwas völlig anderes, denn aus von Land zu Land unterschiedlichen Verhandlungen oder Weisungen erwächst kein paneuropäischer Diskurs. Er stärkt vielmehr landesspezifische Diskurse, oft in Form von Abwehrhaltungen. Den Hoffnungen auf Demokratisierung steht dieser Trend daher entgegen.

Lässt sich das europäische Demokratiedefizit denn nun beheben?

Es gibt ein europäisches Demokratiedefizit. Der Punkt ist aber nicht, dass die EU aus bösen Absichten undemokratisch eingerichtet worden wäre – und dass es ein paar offensichtliche Stellschrauben gäbe, an denen sich drehen ließe, um das Defizit zu beseitigen. In politisch-institutioneller Hinsicht ist die Union ungefähr so demokratisch, wie sie kann. Reformerinnen und Reformer sollten erwägen, das Europäische Parlament mit einem Initiativrecht auszustatten. Damit halte ich die Möglichkeiten demokratiefördernder institutioneller Reformen aber für weitgehend ausgeschöpft. Vor Ideen wie einem generellen Übergang zu Mehrheitsentscheidungen oder etwa einer Direktwahl des Kommissionspräsidenten am Rat vorbei möchte ich hingegen warnen. Sie würden die abgeleitete Demokratie schwächen und laufen entsprechend Gefahr, mehr Demokratie zu beseitigen als zu schaffen.

Eine Einsicht der vorliegenden Betrachtung war, dass der Mangel an Demokratie auf EU-Ebene allein nicht zwingend ein Demokratiedefizit erzeugt. Das Defizit gibt es nur, wenn die Tätigkeitsbereiche der Union die vorhandene Legitimationsbasis überstrapazieren. In Anbetracht des Wachstums europäisierter Politikfelder, der ausgeprägten Eingriffstiefe europäischer Entscheidungen und der zunehmend redistributiven Logik europäischer Politik ist genau das der Fall. Hier, so meine ich, liegt der Schlüssel zur Minimierung des europäischen Demokratiedefizits. Mehr als die politischen Institutionen der EU bedürfen ihre Tätigkeitsfelder und Tätigkeitsarten der kritischen Überprüfung.

Veränderungen der Kompetenzkataloge erfordern Vertragsreformen und ziehen in manchen Mitgliedstaaten Referenden nach sich, die nicht mehr leicht zu gewinnen sind. Dass die Regierungen vor ihnen zurückschrecken, ist verständlich. Irgendwann aber sind Revisionen des Primärrechts ohnehin unumgänglich, um die gewachsene Kluft zwischen den Verträgen und den tatsächlichen Betätigungen der EU zu schließen. Entfernt sich europäisches Regieren immer weiter von den Vertragsgrundlagen, hört das europäische Recht irgendwann auf, noch Recht zu sein – ein Problem für eine Rechtsgemeinschaft wie die Europäische Union.

Wie könnte sich öffentliche Zustimmung zu einer Reform des Primärrechts mobilisieren lassen? Mein Plädoyer gilt einer *verteilungsneutralen* Vertragsreform. In diesem Rahmen wäre zu überlegen, wo es transnationale Probleme gibt, die die EU nicht adressieren kann – oder wo die Union bereits aus guten Gründen tätig ist, obwohl die vorhandenen Kompetenznormen wackelig sind. Beispielsweise haben die Mitgliedstaaten mit *NextGenerationEU* einstimmig dokumentiert, dass sie bereit sind, dem EU-Haushalt zwar nicht regelmäßig, aber unter bestimmten Umständen eine Möglichkeit zur Schuldenaufnahme einzuräumen. Sie sollten das daher in die Verträge schreiben.

Im Gegenzug wäre nach Bereichen zu suchen, aus denen sich die Union zurückziehen kann. Das Prüfkriterium sollte dabei lauten: Gibt es wirklich ein genuin transnationales Problem zu lösen – oder gibt es lediglich einen vagen transnationalen Bezug, der sich in einem gemeinsamen Binnenmarkt immer irgendwie behaupten lässt? Geht man so an die Sache heran, wird man Rückzugsmöglichkeiten entdecken, die oft weniger den Unionsgesetzgeber als vielmehr die »Integration durch Recht« betreffen.

Reformerinnen und Reformer sollten versuchen, Handlungsfelder wie etwa das kollektive Arbeitsrecht zu identifizieren, die vor Eingriffen des EuGH im Namen der Binnenmarktfreiheiten und des europäischen Wettbewerbsrechts zu schützen sind.[7] Ähnliches gilt für Teile des europäischen Antidiskriminierungsrechts. Auch sollten die vertragschließenden Regierungen politisch klären, ob und inwiefern sie die in Artikel 2 EUV aufgeführten Unionswerte wirklich als Rechtspflichten der Mitgliedstaaten gegenüber der EU verstanden wissen wollen. Und zudem sollte die vertikale Bilateralisierung der Union als demokratiepolitische Sack-

7 Florian Rödl / Maria Seitz, *Europäischer Pakt für sozialen Fortschritt. Eine Alternative zur liberalistischen Verfassung des EU-Binnenmarktes*. Wien: Kammer für Arbeiter und Angestellte für Wien 2018; Martin Höpner / Susanne K. Schmidt, *Can We Make the European Fundamental Freedoms Less Constraining? A Literature Review*. In: *Cambridge Yearbook of European Legal Studies*, Nr. 24, 2020.

gasse erkannt und auf ein absolutes Minimum reduziert werden.

Auf diese Weise könnte eine Fokussierung der Europäischen Union auf Kernaufgaben erfolgen, die sich um flexible Integrationsprojekte in ausgewählten Ländergruppen ergänzen ließe. Die demokratischen Spielräume auf mitgliedstaatlicher Ebene würden besser geschützt als bisher, und der Demokratiebedarf europäischer Entscheidungen würde nicht mehr oder zumindest weniger überspannt. Im Ergebnis würde die EU nachvollziehbarer, effektiver, weniger angreifbar und müsste sich weniger in windigen Rechtskonstrukten verzetteln.

Popkolumne

Illusorischer Realismus

Von Jens-Christian Rabe

Bei entwickelten Pop-Kunstformen ist die Identität zwischen ihren bemerkenswertesten und ihren erfolgreichsten Variationen die Ausnahme. Wenn man sich in diesem Sinn in den vergangenen Monaten Gedanken über Pop machte, war es unmöglich, dabei nicht sofort auch an die Möglichkeiten zu denken, die hochentwickelte, mit riesigen Datenmengen trainierte Computeranwendungen nun also auch bei der Produktion von Popmusik bieten.

Die Frage der Stunde stellte Ben Beaumont-Thomas im *Guardian*: »We soon won't tell the difference between AI and human music – so can pop survive?« Ist Pop in Lebensgefahr, weil KI-Anwendungen am Ende bessere Popmusik machen als die Künstlerinnen, die sie imitieren? Was war passiert? Der mithilfe von schöpferischer KI – so genannter »generative artificial intelligence« – produzierte und am 4. April 2023 von einem »Ghostwriter977« auf Streaming-Plattformen wie Apple Music, Youtube und Spotify veröffentlichte Fake-Song *Heart On My Sleeve* der beiden Superstars Drake und The Weeknd war viral gegangen. Komponiert wurde er ohne Hilfe von KI, nur was Drake rappt und was The Weeknd singt, hat Drake nie gerappt und The Weeknd nie gesungen.

Der Song entstand mithilfe von KI-Anwendungen, die in der Lage sind, beliebige Texte mit der Stimme eines bekannten Künstlers zum Besten zu geben, wenn sie nur mit genug Originalmaterial trainiert worden sind. Man kann mit den Anwendungen natürlich auch allerlei andere Späße probieren, also zum Beispiel auf dem eigenen Computer Kurt Cobain den Baby-Shark-Song singen lassen oder vermeintlich neue, unveröffentlichte Frank-Ocean-Songs für sechsstellige Summen an gutgläubige Hardcore-Fans verkaufen oder als unbekannte Band unter dem Namen »AIsis« ein – gar nicht übles – Album mit Oasis-Kopf Liam Gallagher als Leadsänger aufnehmen. Man glaubt mitunter kaum, wie akkurat die KI-Imitationen klingen.

Als *Heart On My Sleeve* auf Drängen von Universal Music, wo der kanadische Rapper und der amerikanische Sänger unter Vertrag stehen, nach einigen Tagen wieder verschwand, war es bereits 600 000 Mal bei Spotify, 275 000 Mal bei Youtube und 15 Millionen Mal bei TikTok gestreamt worden. Ein inoffizieller Twitter-Upload brachte es sogar auf knapp sieben Millionen Views. Künstlerisch gesehen ist der Fake-Song alles andere als ein Meisterwerk, anders als die eher mäßig inspirierten echten Drake- und TheWeeknd-Singles der jüngsten Zeit klingt er aber eben auch nicht.

Wer nicht Bescheid weiß, der würde den Song in seiner Playlist wohl nicht als Fake erkennen. Sogar richtig gut ist das Fake-Feature auf dem Track *Savages* der französischen Old-School-Hip-Hop-Gruppe AllttA. Kyle Chayka nannte es im *New Yorker* »illusorischen Realismus«: »Der von Menschen geschriebene Song ist für sich schon sehr gut, aber die vertraute Stimme von Jay-Z fügt ihm etwas irritierend Bezwingendes hinzu, er klingt wie eine unveröffentlichte B-Seite aus den Neunzigern.«

Universal, der größte Musikkonzern der Welt, nutzte die Angelegenheit geschickt für ein paar Pathosformeln: Die Sache werfe die dringende Frage auf, »auf welcher Seite der Geschichte alle Beteiligten im Ökosystem Musik stehen wollen: auf der Seite der Künstler, der Fans und der menschlichen Kreativität – oder auf der Seite der Fakes, des Betrugs und der Weigerung, den Künstlern zu zahlen, was ihnen zusteht«. Wenig später wurde bekannt, dass Google und Universal schon an einem Tool arbeiten, mit dem künftig KI-Songs identifiziert und monetarisiert werden können. Die Sängerin Grimes erklärte mit untrüglichem Gespür für den Geist der Zeit umgehend, dass ihre Stimme gerne von jedem für KI-Experimente genutzt werden könne – gegen 50 Prozent der Einnahmen.

Im Juni 2023 teilten Paul McCartney und Ringo Starr mit, dass es ihnen mithilfe von KI gelungen sei, die Stimme John Lennons auf einer bislang unveröffentlichten Demo-Aufnahme des Songs *Now and Then* aus den Siebzigern zu isolieren. Yoko Ono hatte das – seinerzeit von Lennon in seinem New Yorker Apartment mit einem Ghettoblaster aufgenommene – Tape nach dem Tod ihres Mannes den verbleibenden Ex-Beatles übergeben. Mitte der Neunziger wollten McCartney, Ringo Starr und George Harrison es mit eigenen Parts ergänzen und als Reunion-Single veröffentlichen.

Dazu kam es jedoch nicht, weil die Klavierspur Lennons auf dem Demo zu dominant ist und damals die technischen Mittel fehlten, den Gesang zu isolieren, um die Aufnahme neu mischen zu können. Inzwischen gibt es diese Mittel dank KI, darauf gebracht hatte sie Peter Jackson, Regisseur der 2021 erschienenen Doku *The Beatles: Get Back*. Dank mit gigantischen Datenmengen trainierter Programme wie etwa der in der Schweiz entwickelten Anwendung LALAL.AI ist es mittlerweile problemlos und blitzschnell möglich, die Spuren jeglicher Audio- oder Video-Aufnahmen voneinander zu separieren, das Prinzip nennt sich »stem splitting«. Man muss dafür nicht mehr tun, als die App zu installieren und die nämliche Aufnahme hochzuladen.

KI-Anwendungen als Werkzeuge bei der Pop-Produktion – das ist die optimistisch-pragmatische Sicht, die auch Neil Tennant von den Pet Shop Boys favorisierte, als er im April dem *Guardian* erzählte, dass es einen Song gäbe, für den sie 2003 einen Refrain geschrieben, den sie aber nie beendet hätten: »Aber jetzt könnte man der KI die vorhandenen Teile geben, auf den Knopf drücken – und die Leerstellen füllen.« Man müsse das Ergebnis dann womöglich noch überarbeiten, aber als Hilfsmittel wäre eine entsprechende KI-Anwendung zweifellos sehr nützlich.

Now and Then erschien schließlich am 2. November 2023, begleitet von einem Video von Peter Jackson und einer zwölfminütigen Dokumentation, als »letzter Beatles-Song« auf Youtube und Disney+. Harmonisch und melodisch ist der Song unbestritten ein weiteres Beispiel für John Lennons Songwriter-Genie, in der Art und Weise, wie originell er Akkorde und Melodie gegen- und miteinander verschränkt. Allein, das neue Sound-Kleid wird nicht recht eins mit Lennons Gesang, es klingt zu modern, zu laut, zu komprimiert. Rick Beato, der berühmteste Pop-Analysierer der Gegenwart, sagt in seinem Youtube-Video zu dem Song: »Er klingt wie aus zwei verschiedenen Jahrzehnten, vielleicht, weil es genau so ist.« Er sei froh, es gehört zu haben, aber vielleicht sei es manchmal besser, wenn Dinge nicht getan würden: »Maybe sometimes things are better left undone.«

Man darf mit Blick auf die Möglichkeiten, die sich durch KI für die Popmusik ergeben (und künftig noch ergeben werden), allerdings davon ausgehen, dass sich nicht hinreichend viele Menschen an diese Maxime halten werden. Das Murphy's Law des Pop ist schließlich, dass alles, was (technisch) getan werden kann, auch getan wird. Und zwar eher früher als später. Die Beatles selbst (und ihre Studio-Helfer rund um George Martin) waren mehr als einmal Pioniere der Sound- und Musikproduktion. Overdubbing, Phase Shifting, Verzerrung, Stereo-Effekte, Tuned Feedback – keinen dieser (und vieler anderer) technischen Tricks hat die Band erfunden, aber sie adaptierte sie früh und zeigte mit ihren Aufnahmen, welche Möglichkeiten in ihnen steckten. John Lennon wäre deshalb, wie in der Doku sein Sohn Sean vermutet, wohl auch sehr einverstanden gewesen mit der KI-Hilfe für *Now and Then*. Und vielleicht ist das Problem des Songs ja auch nicht, dass KI überhaupt verwendet wurde, sondern dass sie nicht genug genutzt wurde. So etwas wie ein Sound-of-the-Seventies-Soundfilter für die Instrumentenspuren wäre bestimmt einen Versuch wert gewesen.

Ist also alles, was bisher zu hören war, nur ein matter Abglanz dessen, was uns noch erwartet, wie Technik-Euphoriker und Technik-Skeptiker ja gerne im Chor verkünden (nur aus unterschiedlichen Gründen)? »Der nächste Schritt wird sein«, so Ben Beaumont-Thomas im *Guardian*, »dass die KI-Werkzeuge Songs ganz allein komponieren werden. Und angesichts der Tatsache, dass sie mehr Songs und Einflüsse aufnehmen können als jeder Mensch, fällt es schwer, Gründe dafür zu finden, dass trotzdem alles, was sie liefern werden, bloß abgedroschen und generisch klingen wird.«

Schon Mitte Oktober 2023 kam die Entwicklung von Künstlicher Intelligenz diesen Vermutungen einen großen Schritt entgegen. Noch nicht für KI-Musiksoftware, aber für Bildgeneratoren wie Midjourney oder Dall-E 2 braucht es nun offenbar nicht einmal mehr »prompt engineers«, also Menschen, die den Programmen mittels langer Reihen möglichst cleverer Anweisungen in vergleichsweise mühsamer Kleinarbeit wirklich gute Resultate entlocken können. Stellenangebote aus dem Silicon Valley mit fürstlichen mittleren sechsstelligen Gehältern für solche Experten machten eine Weile die Runde. Und jetzt das: Die neueste Version Dall-E 3 wurde mit ChatGPT verknüpft, weshalb jetzt ein Stichwort genügt, den Rest machen die Maschinen unter sich aus. Ersten Studien zufolge sollen die Ergebnisse, die so entstehen, wesentlich besser sein als die mit menschlicher Einmischung.

Ben Beaumont-Thomas hofft am Ende seines Artikels, dass wir künftig den Unterschied zwischen menschlicher Kunst und KI-Kunst wenn schon nicht erkennen, dann doch wenigstens fühlen werden. Nur: Werden wir das? Wollen »wir« das?

Ungleich wortgewaltiger und kämpferischer reagierte Nick Cave, der Montesquieu des Pop. Auf die Frage der Fans Leon und Charlie, was er denn in Zeiten von ChatGPT einem jungen Songwriter sagen würde, schrieb er auf seinem Blog Theredhandfiles.com: »ChatGPT treibt die Verdinglichung des menschlichen Geistes durch die Mechanisierung der Vorstellungskraft voran. Es macht unsere Teilnahme am Akt der Schöpfung wertlos und unnötig. Der ›Songwriter‹, mit dem du gesprochen hast, Leon, der ChatGPT benutzt, um ›seine‹ Texte zu schreiben, weil es ›schneller und einfacher‹ ist, beteiligt sich an der Vernichtung der Weltseele und des Geistes der Menschheit. Er sollte, um es höflich auszudrücken, verdammt nochmal damit aufhören, wenn er sich weiterhin Songwriter nennen will.«

Auch wenn der schöpferische Akt, so Cave, erhebliche Anstrengung erfordere, trage man damit am Ende zu dem großen Netzwerk der Liebe bei, das die menschliche Existenz sichere. Es gebe alle möglichen Versuchungen, die die Kreativität eines Menschen auffressen, aber »keine ist teuflischer als ChatGPT, diese maßlose Maschine künstlerischer Demoralisierung.« Und schließlich: »Als Menschen fühlen wir uns oft hilflos in unserer Kleinheit, und doch finden wir die Kraft, schöne Dinge zu erschaffen, und darin liegt der Sinn des Lebens.«

Das klingt wunderbar und wahr. Für Pop-Connaisseure alter Schule. Der Blick auf Spotifys »Top Songs Global«, also die Liste der meistgehörten Songs auf dem meistgenutzten Streaming-Dienst (mit rund 550 Millionen Nutzern im Monat), erzählt im Herbst 2023 allerdings eine andere Geschichte. Was derzeit dort von Jung Kook (*Seven*, *3D*), Tate McRae (*Greedy*), Taylor Swift (*Cruel Summer*), Kenya Grace (*Strangers*), Iñigo Quintero (*Si No Estás*) oder vom echten Drake (First Person Shooter, *IDGAF*) ganz oben steht, klingt auch für den maximal gutwilligen Beobachter mit Mainstream-Herz alles andere als unverwechselbar. Im Gegenteil.

Was genau daran, fragt man sich, sollte eine KI-Anwendung nicht alsbald mindestens ebenso gut können? Anders gesagt: Das Generische im Pop ist keine Erfindung der Künstlichen Intelligenz, die harmonische Varianz ist überschaubar, und sogar die unverwechselbaren und besten Popsongs sind auf die eine oder andere Weise aus anderen Popsongs gemacht, seit Jahrzehnten auch mithilfe von allerlei technischem Gerät, und außer Melodie und Text ist im Grunde nichts daran urheberechtlich geschützt. Man kann also umgekehrt auch gut der Ansicht sein, dass der Pop auf seinem Weg, immer ökonomischer und effektiver mit seinen Mitteln zu haushalten, mit KI nur einfach weiter zu sich selbst kommt.

Wenn man sich digitale Musikgeneratoren wie Boomy, Soundraw oder Soundful ansieht, bekommt man einen Eindruck, wozu KI-Musik fähig ist – und wie sie als Soundtrack-Werkzeug für kommerzielle Internet-Videos aller Art, sogenannte Stock Music, längst ganz selbstverständlich genutzt wird. Eine Art Surrogat-Pop, dessen wesentliche Eigenschaft – neben dem Emo-Management in den Videos – ist, dass für ihn keine Tantiemen an Künstler gezahlt werden müssen, nur die meist monatliche Nutzungsgebühr an den App-Anbieter. Datenbanken mit gesichtsloser urheberrechtsfreier Musik gab es allerdings auch schon vor KI. Die technische Entwicklung hat dieses Geschäft nur noch effizienter gemacht.

Praktisch heißt das, dass man im Grunde nur noch lesen können muss, um Musik zu produzieren. »Musikproduktion« ist damit endlich nur noch unwesentlich unbequemer als, sagen wir, auf einem Sofa zu liegen. Das Prinzip ist das eines Multiple-Choice-Verfahrens. Bei Soundraw wählt man als erstes aus dreiundzwanzig Möglichkeiten ein Genre aus, wobei das Angebot neben dem Erwartbaren (»Rock«, »Pop«, »Hip Hop«, »Latin«, »House«, Acoustic«) nicht nur Spezielleres wie »Afrobeat« und »Lofi Hip Hop« umfasst, sondern erstaunlicherweise auch Genres wie »Tokyo Night Club«, »Drill« und »Jersey Club«, zu denen die wenigsten normalen Hörer eine konkrete Sound-Assoziation haben dürften.

Neben dem Tempo (»slow«, »normal«, »fast«) kann man dann auch für einzelne, wenige Sekunden lange Abschnitte den »Energy«-Level (»low«, »medium«, »high«, »very high«) individuell bestimmen. Zentral ist aber natürlich die Auswahl von »mood« (»epic«, »peaceful«, »busy & frantic«, »dreamy« usw.) und »theme« (»wedding & romance«, »corporate«, »ads & trailers«, »holiday season« usw.) des Werks. Damit lassen sich schön subversive Kombinationen herstellen (»Lofi Hip Hop« + »fear« + »corporate«), deren Intention aber kläglich zerschellt am erbarmungslos Generischen der generativen KI. Und ihrer virtuosen Mittelmäßigkeit. Wenn man die Multiple-Choice-Produktion selbst initiiert hat, ist es schon grausig. Aber würde man in einem Blindtest die KI-Musik wirklich immer identifizieren können? Wohl kaum.

Es spricht also vieles dafür, dass der geistlose Geist nicht mehr in die Flasche zurückzuzwingen sein wird (die diversen Re-Uploads von *Heart On My Sleeve* wurden längst viele Millionen Mal abgerufen). Auf den Plattformen dürfte es in Zukunft entsprechend Drake und KI-Drake geben und Jay-Z und Fake-Jay-Z und so weiter. Insbesondere an Orten wie Spotify könnte das noch erstaunliche Dinge hervorbringen. Es geht dort ja nicht um inspirierende musikalische Irritation oder herausfordernde Originalität, sondern darum – der amerikanische Anthropologe Nick Seaver hat 2022 mit *Computing Taste – Algorithms and the Makers of Music Recommendation* ein erschreckend gutes Buch dazu vorgelegt –, die Play-Listen so zu designen, dass die Hörerinnen und Hörer immer, immer, immer weiterstreamen. Am besten knapp unter der Wahrnehmungsschwelle.

Man muss hellseherisch nicht besonders begabt sein, um zu prognostizieren, dass Künstliche Intelligenz bei der Produktion dieser Art funktionaler Musik, deren Herkunft die Nutzer jetzt schon nicht mehr kümmert, künftig mindestens sehr nützlich sein wird. *Wired* berichtete, dass Spotify schon von KI-Pop geflutet werde (der im Zweifel dann auch bloß noch von Streaming-Robotern findiger Geschäftemacher »gehört« wird, aber das ist eine andere Geschichte). Und man sollte nicht glauben, dass sich Streaming-Dienste wie Musikindustrie – entgegen ihren jüngsten frommen Bekenntnissen – diese Einnahmequelle entgehen lassen werden. Zumal sich so langfristig auch die Chance auftut, eine Menge lästiger Künstler loszuwerden, die ihren Teil vom Kuchen wollen. Und ein paar etablierte Stimmen ohne Skrupel werden dank KI wahrscheinlich bald weniger eigenhändig an neuer Musik arbeiten, mit ihr dafür aber mehr verdienen.

Und nun? Die allen Ausverkaufs unverdächtige Avantgarde-Elektro-Produzentin Holly Herndon benutzt und erforscht für ihre Musik seit Jahren KI-Anwendungen. Zuletzt gelang es ihr sogar, ihre Stimme so zu deepfaken, dass sie in Sprachen singen konnte, die sie gar nicht beherrscht. Der *New York Times* schrieb sie in einer E-Mail: »Die Frage für uns als Gesellschaft wird sein: Kümmert uns, was Drake wirklich fühlt, oder reicht es uns, eine einigermaßen intelligente, künstliche Kopie von ihm zu hören?« Für manche werde das nicht genug sein. Wenn man allerdings bedenke, »dass die meisten Menschen Spotify nur zur angenehmen musikalischen Berieselung nutzen, wird es schon komplizierter«. Die Frage, ob der Pop die KI-Revolution überleben wird, muss man deshalb mit ein paar Gegenfragen beantworten: Welcher Pop? Und wo? Und mit welchem Marktanteil?

Was dem KI-Pop allerdings vorerst wirklich fehlt, dürfte sein, was Nik Cohn 1969 (in *Awopbopaloobop Alopbamboom*) dem »Superpop« zuschrieb (im Gegensatz zum damals aufkommenden, guten, intelligenten, komplizierten Rock): die Macht, Helden und Idole hervorzubringen und dabei »witzig, sexy, besessen, und ein wenig gewaltig« zu sein – »die Macht, Klischees zu Mythen zu machen«. Jetzt dürfte eher erst einmal die nächste Phase dessen anbrechen, was die Menschen nicht nur in der Musik schon ganz allein zur Meisterschaft gebracht haben: Mythen zu Klischees zu machen. Eigentlich können uns die Maschinen nur noch im Guten überraschen.

Zonenbildung

Von Daniel Immerwahr

Wer im Jahr 1950 im 102. Stock des Empire State Building stand, war auf dem Gipfel der Welt angekommen. Vom höchsten Gebäude der Welt aus sah man herab auf die Wall Street, das Finanzzentrum der Welt. Oder blickte in Richtung des Metropolitan Museum of Art, eines der größten Kunstmuseen der Welt. Die aus dem Hafen auslaufenden Schiffe gehörten zur größten Handelsflotte der Welt, die transportierten Güter waren im industriellen Zentrum der Welt hergestellt worden.

Heute sieht es anders aus. Das höchste Gebäude der Welt, der Burj Khalifa, steht in Dubai. Die größten Handelsflotten fahren unter den Flaggen von Panama, Liberia und den Marshallinseln. Das Produktionszentrum der Welt liegt in China, Manhattan konkurriert um Bankgeschäfte mit den Kaimaninseln, und die Sammlung des Met hat Konkurrenz durch das Genfer Zollfreilager bekommen, eine geheimnisvolle Lagerstätte, von der man über das, was sich dort gerade befindet, kein Sterbenswörtchen erfährt.

Das ist es, was die Globalisierung bewirkt: Sie bringt Räume durcheinander. Ein globales Angebot trifft auf eine globale Nachfrage, und voilà: Schon eröffnet eine KFC-Filiale in Kirgisistan. Trotzdem: Ausgerechnet das kleine *Panama* soll die meisten Handelsschiffe besitzen? Die Kaimaninseln – drei kleine Inseln südlich von Kuba – verfügen über eines der größten Finanzsysteme der Welt? Diese Verhältnisse können unmöglich das Ergebnis einer weltweiten Jagd nach den besten Arbeitskräften und Ressourcen zu den niedrigsten Kosten sein.

Das sind sie auch nicht. Eher verdanken sie sich dem globalen Wettbewerb möglichst gefügiger Gesetzgebungen. Ausgerechnet die Kaimaninseln! Die kleine Kolonie war in der Historie eigentlich nicht für ihre Banken bekannt. Die erste öffnete ihre Pforten im Jahr 1953, und zwar in der Praxis eines Zahnarzts auf der einzigen gepflasterten Straße von George Town. Doch die Gesetze versprechen Steuerfreiheit für Ausländer, und die Banken hüten ihre Finanzgeheimnisse mit Inbrunst. Das macht die Kaimaninseln zu einem Ort, an dem sich die Spuren des Geldes im Sand verlieren.

Für den Historiker Corey Tazzara waren solche Orte lange die »schmutzigen Geheimnisse der Moderne«. Schweizer Bankkonten etwa haben seit mehr als einem Jahrhundert als Versteck für Vermögen gedient. Doch in den letzten Jahrzehnten haben sich derartige Sonderzonen – kompakte, ausgewiesene Gebiete, in denen die normalen Regeln nicht gelten – von einem Randphänomen zu einem bestimmenden Faktor der Wirtschaft entwickelt. Der Kapitalismus im Zeitalter der Globalisierung hat die Welt nicht, wie von vielen erwartet, zu einem flachen, einheitlichen Raum homogenisiert. Entstanden ist vielmehr ein Flickenteppich an Rechtssystemen. Mittlerweile gibt es auf der Welt mehr als 5400 Wirtschaftsenklaven: Landgüter, Inseln, Parks, Steuerschlupflöcher, Freihäfen, Zolllager, Exportverarbeitungszonen, Sonderwirtschaftszonen, Freihandelszonen, Freipunkte und dergleichen. Ein Geograf hat sie gezählt und kam auf zweiundachtzig unterschiedliche Bezeichnungen.

Je zahlreicher diese Ausgliederungen wurden, desto gravierender der Verlust der Kontrolle einzelner Staaten über die Wirtschaft. Das verarbeitende Gewerbe ist vom globalen Norden in den globalen Süden migriert, oft angelockt von den Vorteilen solcher Zonen. Auch Gelder setzen sich über Grenzen hinweg: Etwa ein Zehntel des weltweiten Reichtums liegt in Steueroasen, viele davon Inseln oder Mikrostaaten. »Zonenkapitalismus« ist das in den Worten der Anthropologin Hannah Appel, »Archipelkapitalismus« nennt es die Historikerin Vanessa Ogle.

Seit Jahren schon versuchen Wissenschaftler wie der Ökonom Ronen Palan, die Anthropologin Aihwa Ong und die Architektin Keller Easterling, die Tragweite dieser Entwicklung aufzuzeigen, und kämpfen damit gegen die weit verbreitete Tendenz, die Enklaven als Kuriositäten abzutun. Das Thema hat es schwer, die öffentliche Aufmerksamkeit zu binden, weil es so viele verschiedene Varianten von Sonderzonen gibt, die unter ganz verschiedenen Namen ganz verschiedene Funktionen erfüllen. Das Buch *Kapitalismus ohne Demokratie* des Historikers Quinn Slobodian fasst den Forschungsstand zu verschiedenen Zonentypen zu einer lebendigen, zusammenhängenden Erzählung zusammen.[1] Es ist damit der bisher überzeugendste Beitrag zu dieser neuen Geografie des Kapitalismus.

Slobodian selbst ist das Produkt kleiner Orte. Als Sohn von Bahai-Missionaren verbrachte er seine Kindheit und Jugend auf einer winzigen Insel vor Vancouver Island, in der Enklave Lesotho und auf Vanuatu im Südpazifik. Und er nimmt solche Orte ernst. Die Durchlöcherung großer Staaten durch Tausende kleiner Zonen ist seiner Meinung nach ein Ereignis von weltgeschichtlicher Bedeutung.

Marktradikale sehen das als Befreiung. Traditionell haben sie eher von einer Welt ohne Grenzen geträumt, aber heute können sie gar nicht genug solcher Grenzziehungen haben. »Wer mehr Freiheit will«, sagt der milliardenschwere Risikokapitalgeber Peter Thiel, »will auch, dass es mehr Staaten gibt.« Je mehr Rechtssysteme existieren, desto besser lässt sich die passende Hoheitsform finden. Für Slobodian ist das nicht Befreiung, sondern »Sezession«. Unternehmen und Superreiche entziehen sich dem Zugriff der Staaten, indem sie zonierte Ausnahmen nutzen. Das Ergebnis ist eine »radikale Form des Kapitalismus«, die sich der öffentlichen Verantwortung – oder sogar Beobachtung – entzieht. Eine Wirtschaft aus Zonen, Inseln und Enklaven bedeute auch, so Slobodian, eine »Welt ohne Demokratie«.

War der Kapitalismus jemals mit Demokratie vereinbar? John Maynard Keynes, der wohl bedeutendste Ökonom des 20. Jahrhunderts, war davon überzeugt. Keynes hoffte, die Produktivität des Marktes mit der Politik der liberalen Demokratie vereinen zu können. Seiner Ansicht nach lag der Schlüssel weder in der Entfesselung noch in der Abschaffung des Kapitalismus, sondern darin, ihn »klug zu verwalten«, um den ungebärdigen Markt

1 Quinn Slobodian, *Kapitalismus ohne Demokratie. Wie Marktradikale die Welt in Mikronationen, Privatstädte und Steueroasen zerlegen wollen.* Aus dem Englischen von Stephan Gebauer. Berlin: Suhrkamp 2023.

dazu zu bringen, einer breiten Öffentlichkeit zu dienen.

Den Markt zu etwas zu bringen – das ging natürlich nur, solange die Politik die Fäden in der Hand behielt. Keynes befürchtete, dass ein von der Leine gelassenes Kapital den Wohlfahrtsstaat zerstören würde. Die Reichen, »die in der ständigen Angst leben, dass der Einfluss der politischen Linken in ihrem Land momentan wahrscheinlich größer ist als anderswo«, würden ihr Vermögen auf der Landkarte Karussell fahren lassen. Der bewegliche Reichtum würde den interventionistischen Staaten nicht nur Steuereinnahmen vorenthalten; er würde die Weltwirtschaft destabilisieren. Um das globale Finanzwesen in Ketten zu legen, schlug Keynes vor, es zu regulieren und stabile Wechselkurse festzulegen. Er hoffte, dass solche Kontrollen den Devisenhandel und Spekulationen über weite Distanzen hinweg verhindern würden.

Für Verfechter des freien Marktes wie Milton Friedman waren keynesianische Kontrollen nichts anderes als rücksichtslose politische Einmischung. Doch die Staatslenker der Jahrhundertmitte stellten sich auf die Seite von Keynes. Auf der Bretton-Woods-Konferenz 1944 legten sie Wechselkurse fest – verankert in dem Versprechen, dass der US-Dollar für 35 Dollar pro Unze gegen Gold eintauschbar sei – und schufen so die Voraussetzungen für umfassende Kapitalkontrollen. Keynes staunte: Die einstige Häresie war zur orthodoxen Ansicht geworden.

Aus heutiger Sicht war die von Keynes mitgeprägte Weltwirtschaftsordnung bemerkenswert eingeschränkt. Bis in die 1960er Jahre glich das internationale Finanzwesen »eher einem Minigolfplatz«, so das Bild der Ökonomen Fred Hirsch und Peter Oppenheimer. Geld konnte sich bewegen, aber es bekam es dabei mit »einer Vielzahl wechselnder Hindernisse« zu tun.

Auf diese Hürden stieß das Geld vor allem dann, wenn es Staatsgrenzen überschritt. Das brachte britische Banker auf eine Idee: Was, wenn das Geld einfach keine Grenzen passierte? Im Jahr 1957 zwang eine Pfund-Krise die britische Regierung dazu, aggressive Währungskontrollen einzuführen. Um diese zu umgehen, begannen britische Banker stillschweigend, Dollar-Einlagen von Nichtansässigen anzunehmen. Da weder die Einleger noch das Geld britischer Herkunft waren, konnten die Einlagen als »Offshore«-Konten gelten. Und wenn sie konzeptionell britischen Boden nicht berührt hatten, unterlagen sie auch nicht den britischen Devisenkontrollen, Mindestreservepflichten oder anderen Vorschriften – und auch nicht den Gesetzen irgendeines *anderen* Landes. Mit diesem Manöver gaben die Banker ihren Kunden echte Golfschläger in die Hand und beförderten sie vom Bahnengolf auf den Fairway.

Der Eurodollar-Markt verwandelte die City of London, das Finanzzentrum Großbritanniens, in eine Insel der Freiheit inmitten eines Ozeans aus Regulierungen – in einen »Vatikan des Kapitalismus«, wie Slobodian es nennt. Die City, für die es mit Großbritanniens schwindender Macht bergab gegangen war, erwachte wieder zum Leben. Träge Banker, die sich vormals in Mahagoni-Salons zum Lunch getroffen hatten, saßen bald in Wolkenkratzern und schlangen zwischen Ferngesprächen ein Sandwich hinunter. Im Jahr 1959 hielten britische und nichtbritische

Banken *Offshore*-Dollar in Höhe der gesamten US-Goldreserven. 1975 entsprachen ihre Einlagen – größtenteils, aber nicht ausschließlich in Dollar – den gesamten Weltreserven.

Für Walter Wriston, den damaligen CEO der Citibank, waren Eurodollars »der größte mobile Kapitalpool der Welt«, und hätten alle ihre Dollars gegen Gold eintauschen wollen, hätten sie die US-Wirtschaft ruiniert. 1968 versuchte Präsident Lyndon B. Johnson, den Dollar-Abfluss einzudämmen, indem er die US-Bürger anflehte, nicht mehr in Europa Ferien zu machen. Ein Kongressabgeordneter schlug den Einsatz von Atomwaffen für den Goldabbau vor. Im Jahr 1971 warnte Präsident Richard Nixon verzweifelt vor »internationalen Geldspekulanten«, die einen »totalen Krieg gegen den amerikanischen Dollar« führten.

Die Spekulanten gewannen, und 1973 brach Nixon das Versprechen, dass Dollars gegen Gold eingetauscht werden konnten. Das war die zentrale Säule der auf der Bretton-Woods-Konferenz entstandenen Vereinbarung gewesen, die Geldpolitik durch internationale Zusammenarbeit zu steuern. Als sie wegbrach, stürzte das gesamte keynesianische System in sich zusammen. Die reichen Länder gaben in den 1970er und 1980er Jahren ihre Kapitalkontrollen auf und führten ein »davongaloppierendes neues internationales Finanzsystem« ein, wie Wriston es nannte. Das Ende des in Gold konvertierbaren Dollars wird üblicherweise als erster Triumph des freien Marktes oder der neoliberalen Revolution angesehen. Man kann auch sagen, dass von nun an die *Offshore*-Welt die *Onshore*-Welt kolonisierte.

Das Geld ging *offshore*, und die Produktion eilte ihm hinterher. Slobodian identifiziert den Flughafen Shannon in Irland als einen wichtigen Vorläufer der heutigen industriellen Sonderzonen. In Shannon wurden viele Transatlantikflüge aufgetankt, was bedeutete, dass viele Passagiere durch den Flughafen kamen, ohne ihn zu verlassen. Aber wenn Passagiere den Flughafen nicht verlassen, reisen sie dann tatsächlich in das Land ein? Oder bleiben sie *offshore*?

Der Unternehmer Brendan O'Regan machte sich diese Logik zunutze und eröffnete 1947 in Shannon den ersten Duty-free-Shop der Welt, in dem er unversteuerten Whiskey verkaufte. Als die neue Jet-Technologie im Jahr 1958 den Tankstopp von Transatlantikflügen überflüssig machte, schlug O'Regan vor, den Duty-free-Bereich zu vergrößern, indem er eine Quadratmeile neben dem Flughafen einzäunte und sie zur »Shannon Free Zone« erklärte. Dieses Gelände als Erweiterung des Flughafens, und damit: nicht wirklich Irland, zu interpretieren, bedeutete, es von den erheblichen Wirtschaftsvorschriften des Landes auszunehmen und in ein Paradies für Gewerbetreibende zu verwandeln. Von diesem geschäftsfreundlichen Fleckchen Erde aus hoffte O'Regan, »die Flugzeuge vom Himmel zu holen«.

Es war eine treffende Metapher. In der zweiten Hälfte des 20. Jahrhunderts kämpften arme Länder darum, die kolonialen Muster zu durchbrechen, die sie auf den Export von Rohstoffen und den Import von Fertigwaren festgelegt hatten. Zur Steigerung des eigenen Wohlstands müsste man lukrative Industrien aus den reichen Ländern zu sich locken – sozusagen ihre Flugzeuge vom Himmel holen. Es wird oft übersehen, in welchem Ausmaß dies in speziell dafür vorgesehenen Enklaven tatsächlich geschah. (Slobodian nennt sie einfach alle »Zonen«, losgelöst von ihrer offiziellen Klassifizierung.) China ist das herausragende Beispiel. Von insgesamt 43 Millionen Arbeitsplätzen in Sonderzonen entfielen im Jahr 2002 mehr als zwei Drittel auf China. Der chinesische Ministerpräsident Deng Xiaoping hat die Sonderwirtschaftszonen 1979 lanciert, im Rahmen seines Versuchs, nach Mao Zedongs Tod den Markt zu öffnen. Taiwan und Südkorea hatten bereits mit Gewinn im Shannon-Stil experimentiert. Ein weiteres Vorbild war die britische Kolonie Hongkong, trotz ihrer geringen Größe weltweit führend im Spielzeug- und Bekleidungsexport. China startete mit vier Zonen in der Küstenprovinz Guangdong, am bekanntesten davon Shenzhen, Hongkong gegenüber. Der zukünftige chinesische Staatschef Jiang Zemin reiste für drei Wochen nach Shannon, um sich mit den Grundlagen vertraut zu machen.

Shenzhen war jahrelang von Stacheldraht und Grenzwächtern umgeben. Doch hinter den Toren lag eine kapitalistische Oase, in der ausländische Investoren Eigentumsrechte, Steuerbefreiungen und einen weitaus größeren Ermessensspielraum bei Beschäftigungsverhältnissen genossen als anderswo in China. Das war eine sehr seltsame Sache. Anstatt Chinas Wirtschaftspolitik von Grund auf umzukrempeln, machten die Reformer bloß einige räumliche Ausnahmen und ließen Kapitalismus und Kommunismus parallel existieren, wie zwei Betriebssysteme auf einem Computer. (Aihwa Ong nennt das den »Schachbrett«-Ansatz des Regierens.) Die plötzliche Verfügbarkeit kapitalistischer Institutionen in Kombination mit einem großen Reservoir an chinesischen Niedriglohnarbeitern erwies sich als explosiv. Noch im Jahr 1978 war Shenzhen ein Fischerdorf, in dem es keine einzige Ampel gab; 2010 war es größer als New York City. Foxconn, ein taiwanesisches Unternehmen, das hier seine Zelte aufschlug, wurde zum weltweit größten Elektronikhersteller. In Shenzhen produziert es jetzt iPhones.

Bald kamen weitere Zonen hinzu. »Ganze Landstriche wurden dem Landbau und dem kollektiven Eigentum entzogen«, schreibt Slobodian und nennt es »einen der größten Transfers von Reichtum von der öffentlichen Hand in die private in der Moderne«. Das »globale Zonenfieber« erfasste ganz Asien, Lateinamerika und Afrika. Regierungen nutzen mittlerweile räumlich begrenzte Investitionen, Anreize und Ausnahmeregelungen, um die Viehverarbeitung in Kenia und die Produktion von Elektrofahrzeugen in Costa Rica zu fördern. Im Jahr 2019 zählte die Handels- und Entwicklungskonferenz der Vereinten Nationen 5400 Zonen in 147 Volkswirtschaften, mehr als fünfhundert weitere sind »in Vorbereitung«. Im vergangenen Jahr gab eine weltumspannende Allianz von Sonderwirtschaftszonen an, siebentausend davon zu repräsentieren, in denen mehr als 100 Millionen Menschen beschäftigt seien.

Aber sind diese Zonen wirklich ein Erfolg? Der UNCTAD-Bericht von 2019 stellt fest, dass viele der von ihnen ausgelösten Wachstumsschübe kurzfristig bleiben. Kritiker weisen auf die gefährlichen Seiten der Aufhebung von Regulierungen hin. Als sich Bauern in Westbengalen 2007 weigerten, ihr Land einer Zone der Salim-Gruppe, eines der größten Konzerne Indonesiens, zu überlassen, massakrierte die Polizei vierzehn von ihnen. Vierzehn ist auch die Zahl der Foxconn-Arbeiter in Shenzhen, die 2010 Suizid begingen, ein bitteres Referendum über die Arbeitsbedingungen im Unternehmen. (Foxconn schrieb daraufhin Antisuizidklauseln in die Verträge und installierte Netze, um die Verzweifelten beim Sprung gegebenenfalls aufzufangen.) Es ist überdies klar, dass das Zusammenpferchen von lohnsuchenden Migranten in kleinen und zudem nur wenig regulierten Gebieten aus epidemiologischer Sicht alles andere als ideal ist.

Welches Verdienst den Zonen dabei auch zukommen mag, die Abwanderung der Industrie aus reichen in arme Länder war atemberaubend. Im Jahr 1979 erreichten die Vereinigten Staaten einen Höchststand von 19,5 Millionen Arbeitsplätzen im verarbeitenden Gewerbe; ein Drittel davon haben sie inzwischen eingebüßt. In den 25 Jahren seit der Einrichtung der ersten Sonderwirtschaftszonen in China entstanden in Ostasien 42 Millionen Arbeitsplätze in der Industrie. Noch 1980 exportierte China 4 Prozent von dem, was die Vereinigten Staaten produzierten. Heute ist China der weltweit größte Exporteur, und ein Großteil seiner Produktion findet noch immer in den Zonen statt.

Eine weitere Erfolgsgeschichte ist Dubai, wo sich heute neben dem Burj Khalifa das größte Einkaufszentrum der Welt und der internationale Flughafen mit dem höchsten Verkehrsaufkommen befinden. Wie in China sind die Wirtschaftszonen das Herzstück des raschen Wandels. (Dubais Wachstum basierte einst auf Erdöl, heute macht es nur noch ein Prozent seines Bruttoinlandsprodukt aus.) Während China jedoch zonengroße Ausnahmen macht, ist in Dubai die Rechtsvielfalt »das Organisationsprinzip des gesamten Emirats«, so Slobodian. Das Emirat ist weniger eine Nation als vielmehr eine Kakophonie kleiner Reiche – darunter Media City, Academic City, International Humanitarian City, Dubai Design District, Dubai Silicon Oasis –, und jedes davon hat seine eigenen Gesetze und Vorschriften, die für eine eigene globale Klientel ausgearbeitet wurden. »So also«, schreibt Slobodian über das Durcheinander, »sieht die Logik des Kapitals aus.«

Vielleicht sieht die Logik des Kapitals aber auch aus wie das Ugland House, ein Büro in George Town auf den Kaimaninseln, unter dessen Adresse mehr als 18 000 Unternehmen registriert sind. Steueroasen unterscheiden sich natürlich von Industriezonen im Shenzhen-Stil, aber Slobodian weist darauf hin, dass beide als Schlupflöcher dienen, durch die Unmengen von Geldern fließen. Orte wie die Kaimaninseln generieren ihre Einnahmen nicht über die Besteuerung von Unternehmen, sondern über Registrierungs-, Lizenz- und Bearbeitungsgebühren. Das ist profitabel genug, um für kleine Länder, denen es an Handelsmöglichkeiten oder natürlichen Ressourcen mangelt, eine clevere Strategie zu sein. Bezeichnenderweise sind mehr als vier Fünftel der Länder auf der Schwarzen Liste der Steueroasen der Europäischen Union (die auf die Länder Druck ausüben soll) Inseln oder Archipele.

Und fast die Hälfte sind, wie das britische Überseegebiet der Kaimaninseln, Kolonien. Dies mag überraschen, da sich die Ära des Empire und das Zeitalter der Zonen kaum überschnitten haben: Als die Zonen aufkamen, waren die Kolonien größtenteils am Verschwinden. Dennoch gibt es eine starke Wesensverwandtschaft zwischen beiden. In einem Kolonialreich ergeben sich »abgestufte, vielfältige und vielschichtige« Souveränitäten, schreibt Vanessa Ogle, und die Gesetze des Mutterlands gelten in der Peripherie nur teilweise oder sind dort Auslegungssache.

Kolonien waren Ausnahmeräume – ganz wie heute die Zonen. Das machte sie für diejenigen attraktiv, die Vermögen verschwinden lassen wollten. Ogle beschreibt, wie wohlhabende Europäer nach dem Zweiten Weltkrieg in aller Eile ihr Vermögen aus den sich entkolonialisierenden Ländern wegschafften und es in die wenigen verbliebenen Kolonien verschoben. So trugen sie dazu bei, diese in Steueroasen zu verwandeln. Darum pulsiert heute eine enorme Geldmenge durch ein Netzwerk unwahrscheinlicher Orte wie Bermuda, Nauru, Jersey, Liechtenstein, Malta, Aruba und die Britischen Jungferninseln. Das Geld gelangt letzten Endes zurück in die Zentren wie New York und London, aber auf seinem Weg durch die Steueroasen schüttelt es seine lästige nationale Herkunft ab.

Von welchen Summen sprechen wir hier? Schwer zu sagen, schließlich ist Geheimhaltung eine der Dienstleistungen der Steueroasen. Gabriel Zucman kommt in *La richesse cachée des nations* (2013) zu dem Schluss, dass 8 Prozent des Geldvermögens der Haushalte in Steueroasen liegen, eine Zahl, die nach Ansicht des Ökonomen Thomas Piketty wohl eher »als Minimum angesehen werden sollte«.

Ein Grund für Zucmans niedrige Schätzung liegt darin, dass es nicht nur Geldvermögen gibt. In der HBO-Fernsehserie *Succession* heißt es, der Milliardär Logan Roy besitze »eine ganze Menge Investment-Impressionisten« sowie »drei Gauguins, die aus Steuergründen nie jemand zu Gesicht bekommen hat«. Solche Kunstwerke werden in sogenannten Zollfreigebieten (darunter auch Freihäfen) eingelagert. An diesen ursprünglich nur als Zwischenstationen gedachten Orten konnten Waren deponiert werden, bevor sie ihren Bestimmungsort erreichten, wo sie dann der Besteuerung unterlagen. Durch die dauerhafte Aufbewahrung von Kunstwerken in Freihäfen, wie seit den 1990er Jahren üblich geworden, können Logistikunternehmen die Kunstwerke auf Dauer im *Offshore*-Status halten. Auf die Frage nach dem Gesamtwert der Kunst im Genfer Zollfreilager – der Heimat von Logan Roys fiktiven Gauguin-Gemälden – antwortete ein Londoner Versicherungsmitarbeiter: »Ich bezweifle, dass Sie ein Blatt Papier haben, das breit genug ist für die ganzen Nullen.« Zucman schätzt, dass der Anteil des weltweiten Vermögens, das in Steueroasen liegt, auf 10 oder 11 Prozent steigt, wenn man nichtfinanzielle Vermögenswerte wie Kunst mit einbezieht. Der investigative Ökonom James S. Henry geht davon aus, dass der Anteil zwei- bis dreimal so groß ist. (Zucman bezweifelt das.) Wie dem auch sei, wir sprechen von Billionen von Dollars.

Die US-Regierung schätzt, dass sie jährlich rund 150 Milliarden US-Dollar an Steueroasen verliert. Die Doktoranden, die Google entwickelten, bekamen Stipendien vom Staat. Die US-Steuern auf ihre Einnahmen haben sie ein Jahrzehnt lang mit Hilfe einer irischen Tochtergesellschaft umgangen, die ganz legal auf den Bermudas ansässig war. Schon die bloße Existenz solcher Schlupflöcher nötigt die Staaten dazu, Unternehmen mit Nachsicht zu behandeln, damit sie nicht ins Ausland fliehen. Für den globalen Süden ist der Preis sogar noch einmal höher. Während sich laut Zucman rund 4 Prozent des US-Geldvermögens auf *Offshore*-Konten befinden, sind es in Lateinamerika 22 Prozent und in Afrika 30 Prozent. Der Journalist Nicholas Shaxson berechnete, dass arme Länder im Jahr 2006 für jeden Dollar, den sie an Entwicklungshilfe erhielten, zehn Dollar durch illegale Abflüsse verloren. Ein Großteil des globalen Südens leidet unter Armut, Kriminalität und Korruption – alles Probleme, die sich verschlimmern, je einfacher es ist, Geld verschwinden zu lassen.

Im Jahr 2016 schickte ein anonymer Absender Reportern 2,6 Terabyte an Unterlagen einer panamaischen Anwaltskanzlei. Die Panama Papers, wie das Leck genannt wurde, lieferten Belege für rund 214000 *Offshore*-Unternehmen. Es dauerte nicht lang, da erkannten die über hundert damit befassten Journalisten, wie viele Politiker enge Verwandte mit *Offshore*-Konten besaßen: darunter der Schwager des chinesischen Präsidenten Xi Jinping, der Vater des britischen Premierministers David Cameron und der Sohn von UN-Generalsekretär Kofi Annan. Der russische Cellist Sergei Roldugin, Pate von Wladimir Putins ältester Tochter, verwaltete aus irgendeinem mysteriösen Grund, der nichts mit seinem Cello zu tun hatte, zwei Milliarden US-Dollar.

Offshore-Geschäfte sorgten Ende 2022 erneut für Schlagzeilen, als die Kryptowährungsbörse FTX von Sam Bankman-Fried mit Hauptsitz auf den Bahamas zusammenbrach. Shaxson stellt fest, dass Steueroasen mit ihrer Geheimhaltung und Missachtung von Regulierung genau zu jenen riskanten Finanzmanövern einladen, die Volkswirtschaften zum Absturz bringen. Enron, Bernie Madoff, Lehman Brothers und der Versicherungskonzern AIG »steckten tief im *Offshore*-System«, schreibt er in seinem Buch *Treasure Islands* (2011). Wie sich herausstellte, hatte sich FTX auf Strategien gestützt, die in den Vereinigten Staaten illegal gewesen wären.

Die meisten Industriezonen liegen in Asien, Lateinamerika und Afrika; die meisten Steueroasen sind Inseln in der Karibik und im Pazifik. Dennoch, so Slobodian, »kommen einige der glühendsten Unterstützer der Sonderzonen aus dem Westen«. Eine große Leistung seines Buches besteht darin, dass es eine intellektuelle Geschichte dieser Fackelträger nachzeichnet.

Geht es um die Geschichte des Kapitalismus, wird meist Milton Friedman an prominenter Stelle genannt, der seit den 1950er Jahren die innige Verbindung von wirtschaftlichen und politischen Freiheiten betonte. Friedman zeigte sich, darauf weist Slobodian hin, in den 1970er Jahren vom wirtschaftsfreundlichen Hongkong fasziniert. Er sah es als »eine Art Laborexperiment« der »Beschränkung der Regierung auf ihre eigentliche Funktion«. Es schien ihn dabei wenig zu stören, dass Hongkong eine Kolonie mit geringen politischen Freiheiten war. Dessen marktfreundliche Institutionen verdankten sich, so Friedmans Kollege Alvin Rabushka, überhaupt »nur der Abwesenheit einer Wählerschaft«.

Hongkong war auch für den späteren Wirtschaftsnobelpreisträger Paul Romer wichtig. Er sah darin ein Modell für sogenannte Charterstädte, deren unterschiedliche Regeln, so hoffte Romer, den globalen Süden aus der Armut befreien könnten. Er war an (bislang nicht von Erfolg gekrönten) Versuchen beteiligt, diese »politischen Rechtssysteme im Start-up-Stil« in Madagaskar und Honduras zu gründen (und warb auch dafür, Guantánamo Bay in eine Charterstadt zu verwandeln).

Das ist eine neue Idee: einfach eine Stadt gründen, statt ein Land voranzubringen. Slobodian stellt fest, dass die aktuellen Marktenthusiasten das Silicon-Valley-Ethos der Experimentierfreude teilen. Ihre politische Rhetorik drängt nicht (»wir müssen«), sondern schlägt vor (»was wäre, wenn wir …?«). Oder wie Deng Xiaoping über seine Wirtschaftsreformen einst schrieb: »den Fluss überqueren, indem man die Steine erspürt«. Auf die Art kann man die Zonen als bloße Ausnahmen und Versuche begreifen. Doch die Regeln des *Offshore* verlangen schnell auch im regulären Rahmen ihr Recht: So lockern große Staaten ihre Gesetze, um sich gegen Steueroasen zu behaupten; Arbeiter folgen dem Angebot in gewerkschaftsfeindliche Zonen, aber dadurch sabotieren sie ihre eigenen Möglichkeiten, sich zu organisieren.

Und so können Sonderzonen den politischen Kurs auch ohne den Wechsel von Regierungen ändern. Kapitalisten müssen sie gar nicht mehr stürzen, es reicht, sie zu untergraben, wie der Risikokapitalgeber Michael Gibson es ausdrückt. Sie müssen den Wohlfahrtsstaat nicht direkt angreifen, so die Theorie, sondern können sich auf die Verteidigung ihrer Sonderzonen beschränken, dadurch den Vorschriften des Staates entwischen und seine Einnahmen abgreifen. Slobodian beschreibt, wie sehr die Superreichen es heute darauf anlegen, »dem Kollektiv den Rücken zu kehren, auszusteigen und sich abzukapseln«. Sie leben auf abgeschiedenen Anwesen, fliegen in Privatjets durch die Gegend, segeln auf Superyachten, horten Kunst in Freihäfen, kaufen Inseln, gründen eigene Online-Welten, bauen Bunker, etablieren alternative Währungen oder starten ins All.

Diese »plutokratische Sezession«, wie der Historiker Nils Gilman sie nennt, ist zum Teil auf die altbekannte Vorliebe der Elite für Exklusivität zurückzuführen, es steckt aber auch eine neue Ideologie dahinter. Slobodian weist darauf hin, dass Patri Friedman, Miltons Enkel, eine führende Rolle in der »Seasteading«-Bewegung spielt. Sogenannte Aquapreneure sollen dabei die offenen Weltmeere kolonisieren. Das ist die vielleicht extremste Form der Zonenbildung: Statt gefügige Gerichtsbarkeiten innerhalb bestehender Staaten zu schaffen, werden einfach neue Rechtssysteme außerhalb aufgebaut. Das Geld für die Gründung von Friedmans Seasteading Institute kam von Peter Thiel. »Das Wesen von Regierung«, versprach der Milliardär, »wird bald ein grundlegend anderes sein.«

Diese Rettungskapsel-Fantasien kommen ohne ein Konzept von Öffentlichkeit aus. »Ich glaube nicht mehr, dass sich Freiheit und Demokratie vereinbaren lassen«, so Thiel. »Die große Aufgabe für Libertäre besteht darin, einen Ausweg aus der Politik in all ihren Formen zu finden.« Der Siegeszug dieser Abneigung, schreibt Slobodian, deutet darauf hin, dass wir auf dem besten Weg sind, nicht die »Vereinigung von Kapitalismus und Demokratie, sondern deren zunehmende Divergenz« zu erleben.

Es ist nicht zu leugnen, dass das Zeitalter der Zone an das amerikanische *Gilded Age* der Räuberbarone erinnert. Dagegen war die keynesianische Ära von den 1940er bis 1970er Jahren im Rückblick eine Zeit, in der Staaten bemerkenswerte Erfolge bei der Verteilung der wirtschaftlichen Erträge verzeichneten. Seitdem zogen sich die Regierungen von ihren sozialen Funktionen zurück, die Macht der Arbeitnehmer schwand und die Ungleichheit nahm extrem zu. In reichen Ländern zahlen die Reichsten deutlich weniger Steuern und nehmen deutlich größere Anteile des Volkseinkommens mit nach Hause als noch 1980. Die Zonen sind dafür nicht die einzige Ursache, aber sie haben sicherlich eine große Rolle dabei gespielt, die Wirtschaftstätigkeit an Orte zu lenken, an denen sie weder besteuert noch reguliert wird.

Hat es sich gelohnt? Gezwungen, zwischen einem florierenden Markt – selbst einem unfairen – und einer robusten Demokratie zu wählen, würden manche sicherlich den Markt vorziehen. Dies ist im Kern der Deal, den die chinesische Führung ihrem Volk offeriert: wirtschaftlicher Profit im Austausch gegen politischen Zwang. Durch die Einrichtung von Zonen hat China den Kommunismus abgestreift, den reichen Ländern Industriejobs abgeluchst und ist mit verblüffendem Tempo gewachsen.

Dennoch würden viele von uns die Demokratie nicht so einfach aufgeben. Eine Schlupflochregierung bringt eine zynische Gesellschaft hervor, in der gemeinsame Werte fadenscheinige Fiktionen sind und man vor kollektivem Handeln verzagt. Es ist schwer vorstellbar, wie sich in einer Welt voller Zonen Probleme lösen lassen sollen, die Koordination und gemeinsame Opfer erfordern. Der Klimawandel oder eine globale Pandemie sind dafür nur die augenfälligsten Beispiele.

Der Kapitalismus träumt nicht mehr von einer vereinigten Welt. Stattdessen haben Marktradikale den Globus in Zonen, Enklaven und Sondergebiete zersplittert. Und sie lassen den Rest von uns zwischen den Scherben zurück.

Aus dem Englischen von Birthe Mühlhoff

Mein vielgespaltener $chatten

Von Jasper Westhaus

Dieser Text wurde generiert. Dieser Text wurde trainiert, mit Daten aus dem Netz der späten 1920er Jahre, der sechziger Jahre des siebten Jahrhunderts, der 1970er Jahre, der Jahrtausendwende usw. Die Ölkrise ist kaum vorbei, die Opiumkrise ist kaum vorbei, die Jahrtausendwende ist kaum vorbei, Proust ist gerade einmal sieben Jahre tot, da schwebe ich in meinem traditionsreichen Europa im Bett und sehe Schemata an den Wänden. Was mir mein bildschirmförmiges Leben über den langen Tag auf die Netzhaut gebrannt hat, entsteht auf den $chatten, die mein ruhender Körper wirft und wandert blinkend über den atmenden Berg (der mein Körper ist). Wie eine Prozession zieht der vergangene Tag über mir her.

Larry sitzt im Stock Exchange und sieht genervt auf eine Horde Broker und IT-ler hinab, die im Wechsel Staubsaugerroboter aufeinander loslassen, wie bei einem Hundekampf. Dietrich ist der, der immer verliert. Lass die Emotionen aus dem Spiel, Dietrich, sagen sie, während ihre Roombas, Blaupunkts, Samsungs, Proscenics und Severins ineinanderkrachen. Hier geht's um Taktik, denn es ist kein Glücksspiel. Der Rhythmus der kollidierenden Roboter wiegt mich in den Schlaf, Quartale sind Gezeiten, der Mond nur noch einen Flügelschlag entfernt. Fuck Larry, dein Anzug sieht wieder geil aus. Und ich dachte, Form sei etwas, das man sich nicht anziehen kann. Nee Larry, der Anzug ist so nice, das ist keine Geschmackssache mehr. Larry, du weißt, was Schönheit ist. Lass uns doch nach der Arbeit noch was trinken. Nein? Warum denn nicht? Denn Larry kommt zu mir nach Hause. Er nimmt mich in den Arm.

Ich träume von einer Wüste, in der es Rohstoffe gibt und Arbeiterinnen, die Datensätze aus der Erde graben. Es sind die 1970er und die späten Neunziger, und es ist Kalifornien 1857, das heißt, es wird emsig produziert. Es wird heftig geschaufelt, und alle singen den Song, der nie funktioniert. Der Boden ist eine harte Pfirsichhaut, die Arbeiterinnen stellen ihre Körper zur Verfügung, in der Hoffnung, am Ende des Monats gut bezahlt zu werden. Von dem Geld ließe sich kaufen: Zeit mit dem Boy- oder Girlfriend im Nail Salon, ein paar Stunden Rodeo oder das neue Kleid von Gianni V. Wir hoffen, dass wir uns einlösen!, rufen sie, und ich bin mir sicher, dass ich das im Schlaf mitspreche.

Wenn Larry in seiner WG ist, sitzt er in seinem Zimmer und plant seine Mahlzeiten so, dass er seinen holländischen Mitbewohnern nicht begegnet. Deswegen kommt er abends oft zu mir. Ich sehe mich auf meiner Couch und ihn am Küchentisch – two glasses in –, und er erzählt von Justinas, dem ehemaligen Vorgesetzten, dem sie die Nase abgeschnitten haben. Warum? Weil er keine arabische Währung akzeptieren wollte. Das hätte die eigene Münze zu stark abgewertet und so den Steuerzahler entlastet. Also stand mal wieder die OPEC gegen das byzantinische Reich, könnte man sagen. Das Resultat ist dann wie so oft Gesichtsverlust – wenn auch in diesem Falle nur teilweise –, Öl-Embargo und Inflation. Larry lacht. Er ist wie dieser Text, auch er ist nicht er selbst. Auch er wartet ängstlich darauf, dass endlich eintritt, wohin er sich aufgeschoben hat, dass er ist, wohin sein $chatten fällt. Dass der S&P 500 unter 3000 fällt. Oder über 5000 steigt, was weiß denn ich. Dass er die Optionsscheine endlich einlösen und sich hoffentlich etwas anderem widmen kann. Larry, ich will wissen, wie du dich in meinem Mund anfühlst, aber ich habe eine Freundin.

Gegenüber vom Stock Exchange ist die EZB FED ABC. Dort arbeiten Thomas »die Taube« Pigeon und Isabelle »Easy« Pérez. Ihre Vornamen werden kollegial englisch ausgesprochen, denn die Zentralbankenszene ist sehr international. Sentiment- und Affektkurse, Hate Language und Love Speech, constant circulation of the value situation. Ohne gemeinsame Handelssprache geht da nichts. Wäre es doch nur möglich, eine Sprache zu erfinden, in der man das sagen kann, was man auch wirklich meint! Was hätten wir dann für eine Wirtschaft!

Vermutlich hätten wir dann keine Wirtschaft, sagen Thomas und Easy und setzen sich zu uns an den langen Holztisch. Gemeinsam sehen wir ihnen dabei zu, wie sie ihr Pausenbrot verzehren. Thomas riecht gut und weit, und Isabelle erzählt die besten Stories von den Dienstreisen in die Belle Epoque, die hin und wieder anstehen. Angesprochen auf die Staubsaugerroboter zeigen sie sich verhalten. Die Frage, die stattdessen diskutiert wird, ist, wie der Leitzins eine besonders schöne Kurve nach oben macht, ohne dabei wehzutun. Dietrich versucht sich einzuschalten, aber es will nicht gelingen. Was er sagen will, ist, dass er glaubt, dass Technology, dass die Möglichkeit hat, dass hier disinflationär wirken zu werden, dass, aber er bugt und stottert, und am Ende kommt kaum was raus. Dabei gibt es doch so viele neue Entwicklungen, die beim Sagen hilfreich sein könnten! Würde er selbst sagen.

Eine der neuen Entwicklungen ist, dass dieser Text generiert wurde, mit Daten gefüttert. Dementsprechend hat dieser Text auch aus den 1960er Jahren gelernt. Das heißt, er will eine Ahnung haben, von dem, was er ist, seiner Agententätigkeit, und dem, was er selbst generiert. Nicht alle Generatoren sind menschlich, aber alle Menschen sind Generatoren, wirft er in die Runde. Etwas zögerlich nicken wir dem Text zu, und Dietrich ist froh, dass für ihn eingesprungen wurde, wenn auch an seiner Sache vorbei.

Larry lehnt im Stock Exchange ganz müde an einer Wand. Er sieht einer Horde Brokern und IT-lern dabei zu, wie sie eine Arena aus Leitz-Ordnern um ihre sich aufwärmenden Staubsaugerroboter bauen. Die Kolleginnen aus dem Archiv versuchen verzweifelt, ihre Akten aus den Händen der Trader zurückzugewinnen, während die ersten Aufeinandertreffen im Ring stattfinden. Dietrichs Roomba verfängt sich in den umherfliegenden Papieren und ist den Attacken seines Gegenübers wehrlos ausgesetzt. Dietrich rauft sich die Haare und denkt an die Kinder, die er zeugen will. Konzentration Data-Dietrich, noch ist nicht Feierabend! Nächste Runde. Beschämt bringt er seinen arg gebeutelten Roomba in Position, beschämt, nicht weil er verliert, sondern weil er weiß, dass er auch nächstes und übernächstes Mal noch gegen den Trend setzen wird, in der Hoffnung, er möge sich endlich umkehren.

Alle Pager pingen gleichzeitig, das riecht nach Rundmail: Räumt euern Scheiß auf! Die Schattenbänkerinnen kommen! Abschätzig wird im Kleingedruckten noch erwähnt, dass außerdem auch Frau Ulrike Schä von der Finanzaufsichtsbehörde, irgendein Wicht aus der Politik und noch ein paar andere erwartet werden. Und: American Thomas »die Taube« Pigeon von der Zentralbank EZB FED ABC hat sich auch noch angemeldet. Ein ironisches Raunen geht durch den Floor, so laut, dass es eine Weile die aneinanderklackenden Staubsaugerroboter übertönt. Alle schimpfen auf Thomas und Isabelle, die einfach den Liquiditätshahn zudrehen. Alle stehen mit gereckten Hälsen mitten im Feld und lotsen ihre Roombas, Blaupunkts, Samsungs, Proscenics und Severins per App durch den Wald an Beinen in ihre Aufladebasen zurück.

Auf treten die Schattenbänkerinnen in ihren schicken Mänteln und mit den neuesten Dad Sneakern an den Füßen. Auf dem frischgebohnerten Handelsparkett kommt ein bisschen Turnhallen-Feeling auf. Elegante Ausweich-, Täuschungsmanöver und Pirouetten vollziehend verteilen sie sich im Raum und bringen die Liquidität, die die Großen Banken schon lange nicht mehr liefern wollen. Ein halber Prozentpunkt weniger hier, ein drittel Prozentpunkt weniger da, die jungen Angestellten der Dark $parkasse haben ein klitzekleines bisschen mehr Cash für weniger Cash dabei. So, ihr dahinten, wollt ihr Franken, Yen oder Aureus Solidus? Ihr wollt die Schulden von dem da kaufen? Sie deuten professionell auf Dietrich, der abwesend neben seiner leeren Roomba-Basis steht.

Thomas und Isabelle von der EZB FED ABC unterbrechen ihre Story von dem letzten Trip nach Kuwait oder war es Vietnam oder war es irgendein anderer Ort, den man hier nur mit einem Datum verbindet. Sie haben jetzt die Aufgabe, der Bedienung zu erklären, dass sie gerade ihren Job verloren hat, dass das aber auf lange Sicht besser ist als eine Inflation von über zwei Prozent. Wenn die Inflation noch weiter steigt, dann kostet der Kaffee hier ja irgendwann noch einhundert Lira, dann kann sich den bald niemand mehr leisten.

Isabelle erklärt noch mal allen, die es hören wollen, dass das Problem ist, dass zu viel Geld im Umlauf ist und dass deswegen nichts anderes gemacht werden kann, als das Geld wieder aus dem Umlauf rauszukriegen. Sonst steigen die Preise immer weiter, und die Bedienungen und die Arbeiter auf der Pfirsichfarm fordern ein wieder fleischigeres Gehalt, um sich Dinge leisten zu können, und es kommt zur Lohn-Preis-Spirale. Um das Geld aus dem Umlauf rauszukriegen, muss man also da ansetzen, wo das Geld verdient wird, den Arbeitsmarkt ein wenig schwächen. Und wo fängt man am besten an, wenn nicht vor der eigenen Nase?

Sie bereiten sich gründlich vor, draften schnell noch ein paar mitfühlende Worte und machen Aufwärmübungen mit ihren Mündern. Thomas spricht kurz mit einem Korken zwischen den Zähnen und fragt, ob er verständlich ist. Wir sagen ja, und Easy tut es ihm nach, und auch sie ist gut verständlich. Na gut. Das wird jetzt unangenehm für alle, aber dafür werden Thomas und Isabelle nun mal bezahlt. Die beiden putzen sich liebevoll gegenseitig die Mundwinkel ab und zerknüllen ihre Servietten auf den jeweils eigenen Tellern. Wir bringen unser Geschirr dann selber rein, das passt schon.

Neben den zwei Windrädern ist eine ehemalige Fetischbar, ein kleines einstöckiges Haus mit Flachdach. Das Innere der Bar stellt sich als eine staubige Mundhöhle heraus: Alles ist ganz normal, nur muss man aufpassen, dass man nicht verschluckt wird. In der Ecke sitzen die Jungs und Mädels von der Dark $parkasse mit den queeren Vorstadtonkels und trinken Shots. Die Zungen sind locker.

Es ist wieder Zeit für etwas TV. Das Studio ist gut beleuchtet, und die Outfits sind genau richtig geschmacklos für das Medium at hand. Es war natürlich die Idee der Chefredaktion, dass ein Sprachmodell zwischen den beiden Moderatorinnen sitzt und ordentlich mitquatscht. Eingeladen sind Isabelle von der Zentralbank, die ohne American Thomas am liebsten gar nichts sagen will, Frau Schä von der Finanzaufsichtsbehörde mit ein bisschen gammliger Moral im Gepäck, Larry ist da, mit klasse überschlagenen Beinen, und auch dieser Text macht mit. Thema der Sendung: Wie wird's kommen? Denn dass es kommen wird, ist klar.

Wichtig bei der Show ist nicht, wer mit welchem Standpunkt anreist, denn das weiß man ja vorher schon im Groben, erklärt Moderatorin 1 das Sendungskonzept. Genau, pflichtet Moderatorin 2 bei, wichtig ist der Dialog, also wie sich die jeweiligen Positionen zueinander verhalten. Richtig, sagt Moderatorin 1, Relationen. Wir wollen da sein, wo die Reibungspunkte sind. Das Sprachmodell zwischen ihnen wirft ein, dass man auch das durchaus vorher schon wissen könne, also, wie sich bestimmte Argumente zueinander verhalten. Kurz steht das ganze Konzept der Sendung auf der Kippe, und man denkt: Stimmt, das Sprachmodell hat Recht. Man denkt, dass man das Ganze ja dann eigentlich gar nicht mehr zu gucken braucht.

Moderatorin 1 und 2 sehen sich besorgt an, aber es kommt etwas aus der Regie rein, das retten soll. Moderatorin 1 erwidert dem Sprachmodell: Klar, die Argumentationsstrukturen unserer Gäste lassen sich quantifizieren, und Logik ist auch Mathematik. Aber die Gefühle und Affekte, das Mitgerissene und Zwischenmenschliche lassen sich zum Glück nicht antizipieren! Und jetzt zu den Inhalten der heutigen Sendung! Das Publikum klatscht begeistert, denn es hat gemerkt, dass es echt ist. Dem Sprachmodell wird seine Antwort per Soundregler verwehrt.

»Wie wird's kommen?« ist das Thema der Sendung, sagt Moderatorin 2. Das Sprachmodell versucht eine Antwort, wird aber ermahnt und wieder runtergeregelt. Lassen Sie es doch ausreden, sagt Frau Schä, die grundsätzlich auch von Technologie begeistert ist. Jetzt will man natürlich wissen, was das Modell zu sagen hat! Aber Moderatorin 1 moderiert geschickt zu Larry rüber: Zum Stichwort »Ausreden«, das Ihre Kollegin da soeben in den Raum geworfen hat – also, die Leute verlieren ihre Arbeit und die Aktionäre ihr Geld. Viele werfen Ihnen vor, nicht verantwortungsvoll zu handeln. Was ist Ihre, ähm, »Ausrede«? Larry blickt ernst in die

Kamera. Er sagt, dass die Frage an Isabelle und Thomas von der EZB FED ABC gehen muss, denn schließlich haben die den Leitzins so drastisch erhöht, dass niemand mehr Geld leihen will und alle nur noch ihr Geld auf dem Tagesgeldkonto parken und ein paar wenige Prozent Zinsen einsacken. Kein Wachstum ohne Liquidität. Frau Schä stimmt zu. Selbst Isabelle stimmt zu, wenn auch einschränkend: Historisch möge es zwar so sein, dass stets etwas kaputtgehe, wenn der Leitzins steigt, aber man müsse sich doch mal überlegen, warum die Zinsen überhaupt erst so weit angehoben werden mussten.

Alle schauen jetzt diesen Text an, denn der hat noch nichts zur Runde beigetragen. Es ist klar, dass er irgendwie im Verhältnis zum Sprachmodell stehen muss, schließlich ist bekannt, dass er generiert ist. Die Regie hat die beiden geschickt einander gegenüber platziert, um den ein oder anderen *High Noon*-Shot einfangen zu können. Doch dieser Text beschreibt nur, was er sieht und verweist freundlich darauf, dass die Daten, mit denen er trainiert wurde, zwar umfangreich, aber alle aus der Vergangenheit sind. Da ist es schwierig, definitiv auf das Thema der Sendung zu antworten, also, wie es kommen wird.

Geht man davon aus, dass es kommt, wie es in der Vergangenheit gekommen ist, dann ist es so: Sobald Arbeiter ihre Arbeitsbedingungen mitbestimmen und höhere Löhne fordern können, weil es zum Beispiel viele offene Arbeitsplätze gibt, wird eine Rezession herbeigeführt. Das erkennt man etwa daran, dass die Arbeitslosigkeit unmittelbar vor einer Rezession ihren Tiefstand im Zyklus erreicht (Abb. 1.1). Kurz vor der Rezession steigen auch die Löhne schneller als die Preise, was wiederum zur Folge hat, dass Unternehmen ihre Preise erhöhen, um Gewinnmargen zu schützen, aber auch um die gewohnte Einkommensverteilung nicht zu gefährden und den Arbeitern die gestiegenen Mittel der Einflussnahme wieder zu entringen (Abb. 1.2). Arbeitnehmer fordern dann höhere Löhne, um die höheren Lebenshaltungskosten tragen zu können, woraufhin die Preise weiter steigen. Die Zentralbanken beginnen von Inflation zu sprechen und wärmen die Erzählung von

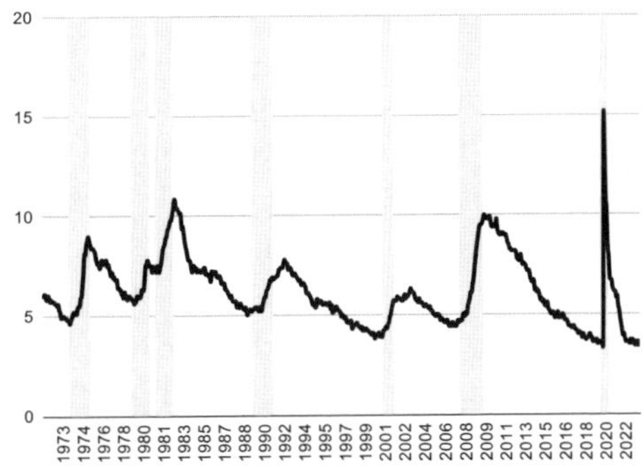

Abb. 1.1 Arbeitslosigkeit und Rezession
schwarze Linie: US-Arbeitslosigkeit in %|
graue Balken: US-Rezession

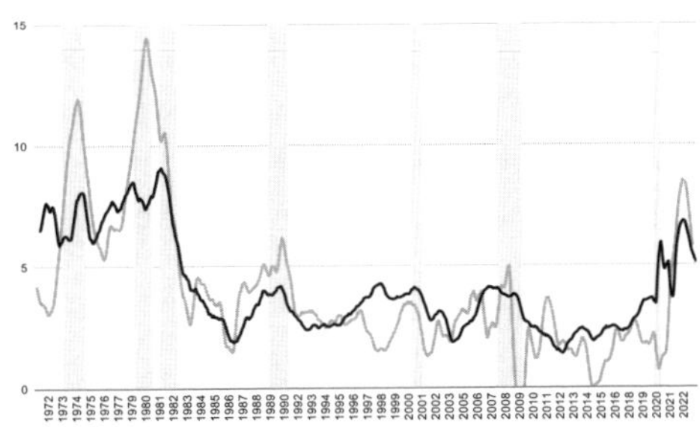

Abb. 1.2 Preisinflation, Lohninflation und Rezession
schwarze Linie: Wachstum US-Durchschnittlicher Stundenlohn in % (YOY 5Y Moving Average)| graue Linie: US-Preisinflation in % (CPI YOY 5Y Moving Average)| graue Balken: US-Rezession

Angebot und Nachfrage, die in staatlichen Schulen bis zum Umfallen trainiert wird, im öffentlichen Diskurs auf.

Mein Politik-/Wirtschaftslehrer aus der Oberstufe nickt anerkennend. Er verdrängt noch einmal kurz den Gedanken, der ihm nach zwei Bier in jeder Rezession kommt: Warum bin ich kein Gewerkschaftler geworden? Dann dreht er sich zu Data-Dietrich, seinem ehemaligen Schüler, seinem altem Freund und Kupferstecher. Der hat ganz trübe Augen. Auch die Jungs und Mädels von der Dark $parkasse sehen geknickt aus. Jemand macht den Fernseher aus, und einer setzt sich ans Klavier und zockt ein bisschen. Hannah von der Bar macht den Fernseher wieder an, und wir gucken ohne Ton weiter. Fuckable, sagt sie und nickt Larry anerkennend zu. Ihre Blicke treffen sich. Sie schaltet den Ton wieder an. Larry bedankt sich mit einem kurzen Lächeln, und auch dieser Text nickt ihr zu. Dann antwortet er Isabelle Pérez von der EZB FED ABC, die gerade erklärt hat, dass sie den Leitzins erhöht hat, um einer sogenannten Lohn-Preis-Spirale vorzubeugen. In der Vergangenheit hat das aber stets zu Rezessionen geführt. Beziehungsweise – der Text schaut bedeutungsvoll ins Publikum – jeder Rezession in den vergangenen Jahrzehnten ist eine drastische Erhöhung des Leitzinses unmittelbar vorausgegangen (Abb. 2). Rezessionen sind keine willkürlich auftretenden, durch äußere Schocks verursachten Events, sondern werden herbeigeführt, um bestehende Verteilungsverhältnisse zu wahren.

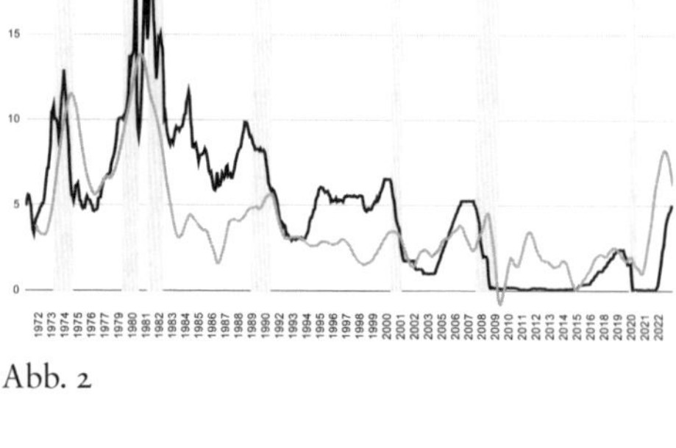

Abb. 2

Jetzt schaltet sich Dietrich dazu, die Kamera ist auf ihn gerichtet, sein Gesicht notdürftig mit einer Kerze vom Tresen erhellt. Gruselig, analysiert das Sprachmodell, und Dietrich sagt erstmal Hallo zu allen, bedankt sich für die Ausführungen, und auch Hallo hier, Sprachmodell, schön, dass Sie die Zeit gefunden haben. Die Moderatorinnen wirken nervös. Einen langwierigen Dialog zwischen Dietrich und Sprachmodell gilt es mit aller moderatorischen Kraft zu verhindern. Aber das Sprachmodell gruselt sich ganz offensichtlich vor Düster-Dietrich und bittet diesen Text, noch kurz das mit den Rezessionen zu Ende zu erzählen. Der Text ist müde und bittet das Sprachmodell, das mit der Rezession zu Ende zu erzählen, im selben Stil wie dieser Text.

Wirtschaftliche Stagnation und Arbeitslosigkeit sind Momente der Umverteilung nach oben. Verlorenen Arbeitsplätzen folgt ein wachsender Anteil der Top-1-Prozent am Gesamteinkommen, fährt das Sprachmodell also fort. Rezessionen und die unmittelbar folgenden Quartale sind die Zeitpunkte, in denen der Anteil Wohlhabender am Gesamtkapital am schnellsten wächst. Das funktioniert in einzelnen Zyklen, aber auch über Jahrzehnte hinweg, und bricht mit der allgemeinen Annahme, dass Wachstum und gute Profitmargen die ausnahmslos besten Situationen für Kapitalistinnen sind (Abb. 3). Elementar ist, relativ zu den Anderen zu wachsen.

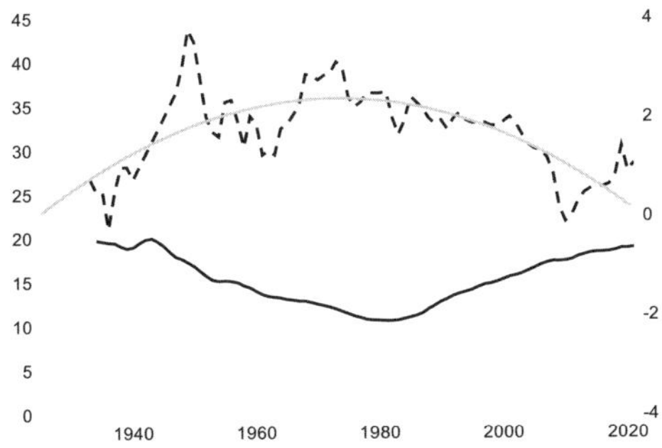

Abb. 3 Einkommensverteilung und Beschäftigungswachstum im Verhältnis
gestrichelte Linie: US-Beschäftigung in % (YOY 10Y Moving Average) | durchgängige Linie: US-Einkommensanteil der Top-1-Prozent in % (10Y Moving Average)

Moderatorin 1 nickt das Statement vom Sprachmodell ab und wendet sich dann an Dietrich: Und, wie geht's denn jetzt für Sie weiter? Mein Politik-/Wirtschaftslehrer schiebt sich unauffällig Richtung Kamera, in der Hoffnung, dass zumindest sein Oberschenkel in der Live-Schalte zu sehen sein wird.

Nach dem Gig im Öffentlich-Rechtlichen steigen Larry und das Sprachmodell in ein Uber Black. Erst denke ich, dass sie zu uns kommen, aber sie biegen um und fahren Richtung After-Show-Party. Dann sehen wir uns vermutlich später, schreibe ich, aber schicke die Nachricht nicht ab.

Der glänzende Mercedes hat einen super Bass, der alles um sich herum anzieht und rhythmisiert. Die Sitzpolster sind mit einer weichen Pfirsichhaut überzogen, aus der das Sprachmodell elegant Datensätze zieht, quasi ganz ohne Arbeit. Letztendlich generiert der Benz ein paar Tausend Eintrittskarten zur großen Party, die er wie Konfetti ausstößt – alle werden eingeladen. Kommt! Lasst uns alle eins mit uns und einander sein. Es kostet auch nicht viel. Bevor sie sich auf den Weg machen, tauschen die Jungs und Mädels von der Dark $parkasse Nummern mit den queeren Vorstadtonkels, dabei – und das werden wir hier drüben gar nicht müde zu betonen – ist das gar nicht nötig, denn sie frequentieren ja eh alle dieselben Apps.

Ich verlasse das Etablissement mit Data-Dietrich an der Schulter. Seine Sneaker, die er sich offensichtlich von den hippen Schattenbänkerinnen abgeguckt hat, quietschen unisono mit den Bohrtürmen, die sich vor uns auftun: Alle hier super langsam, hängenden Kopfes, drosselnde Produktion. Wir wurden verschluckt, haben es herausgeschafft, sind immer noch verschluckt.

Dietrich hat eigentlich schon vor Jahren aufgehört, aber jetzt zündet er sich doch noch mal eine an. Er vergräbt sein Gesicht in seinen Händen. Ich lege meinen Arm um seine Schultern. Fuck, Didi. Ja, sagt er, Fuck. Zu unseren Füßen versucht ein Storchenpaar, sich aus dem Öl zu befreien, in dem es feststeckt. Sie wollen sich gegenseitig helfen, aber eigentlich treten sie sich nur tiefer in die klebrige Masse. Dietrich will sagen, dass er dem Gedanken Raum zu geben lernt, einfach wieder in den Schlaf zu fallen, aus dem er gekommen ist, aber dass er ja Familie hat und so viel Verantwortung, die er nicht enttäuschen will. Dann fällt ihm ein, dass er ledig ist und die Familienplanung der Plan für später war, und stattdessen sagt er also: Ein Kind hat mich ersetzt. Ein Kind! Ich weiß, Didi, sage ich, aber du weißt doch auch, warum. Sieh's mal so. Du bist nicht allein. Bald kommen die Oktopoden auf Stelzen und waten vorbei. Und dann ist es vielleicht ein Meer, in dem wir stehen. Das tote Meer, sagt Dietrich. Wir vergleichen die Logos auf den Hochhäusern der verschiedenen Geldinstitute um uns herum: Manche leuchten grün, rot oder blau, außer das Emblem der Dark $parkasse.

Wenn man den ganzen Schlick vergisst und verdrängt, dann tun sich Optionen auf. Beispielsweise schreibt Larry ja vielleicht doch noch zurück. Dietrich kann sicher irgendwann einen Touran haben, wenn die Gebrauchtwagenpreise noch etwas weiter fallen, vielleicht gibt es ja sogar einen Elektro-Touran. Dann brauchen wir auch die OPEC nicht mehr, dann wachsen die Tulpen endlich wieder auf holländischem Boden. Unsere Arbeitgeber müssen wieder hoffen, dass sie verantwortlich handeln. Auch sie wollen keine Angst haben. Unsere $chatten können uns wieder vorauswerfen, uns nach vorne verlängern. Dann können wir wieder richtig sein.

Fahrrad ohne Disruption

Von Jan Wetzel

Als der niederländische Fahrradhersteller VanMoof im Juli 2023 Insolvenz anmeldete, war das keine Überraschung. Schon die letzten Jahre hatte das Unternehmen nur durch immer neue Kapitalspritzen überlebt, war damit vorübergehend gar zur »most funded e-bike company in the world« geworden. Doch das half nichts. Im Laufe des Jahres wurde VanMoof zahlungsunfähig, schloss Filialen, stellte zunächst Reparaturen und schließlich die Produktion ein. Die verärgerten Kunden ließ man darüber lange im Dunkeln.

Insolvenzen lassen sich kaum auf einen einzelnen Faktor zurückführen, sondern erklären sich aus einem Bündel von Veränderungen im Markt und dessen Umfeld, Fehleinschätzungen des Managements und Zufällen. Dennoch kann man der Pleite von VanMoof schon jetzt einen Sinn abgewinnen, stellte das Unternehmen doch einen der ambitioniertesten Versuche der disruptiven Innovation des Gebrauchsgegenstands Fahrrad dar.

Statussymbol, Demokratisierer individueller Mobilität, Relikt

Das Fahrrad sticht unter den in modernen Industriegesellschaften alltäglichen Gebrauchsgegenständen durch die hohe Beständigkeit seines Designs hervor. Es hat sich in den letzten einhundertvierzig Jahren optisch kaum verändert. Der Grund dafür liegt nicht in ihm selbst, sondern ist das Ergebnis eines historischen Zusammenspiels von Produktion und Konsum. Wie später das Automobil oder der Computer startete es als Spaßprodukt und Statussymbol wohlhabender junger Männer. Dass sich das nach verschiedenen Entwürfen Mitte des 19. Jahrhunderts durchsetzende »Hochrad« anspruchsvoll und gefährlich war, gehörte also dazu. Doch mit den dadurch begrenzten Wachstumsmöglichkeiten wollten sich manche Hersteller bald nicht mehr abfinden. Als »Sicherheitsniederrad« erhielt das Fahrrad in den 1880er Jahren ein auf Sicherheit und Komfort wert legendes Re-Design.

Mit einem günstigeren Preis und aufwändigem Marketing wurde es zum Massenprodukt und binnen weniger Jahrzehnte für breite Schichten erschwinglich. Kostete es in den 1880ern noch ein Mehrfaches des durchschnittlichen Gehalts eines Arbeiters, war sein Preis zu Anfang des 20. Jahrhunderts auf ein Monatseinkommen gesunken – bei gleichzeitiger Steigerung von Qualität, Sicherheit und Ausstattung. Das Fahrrad war damit zum Symbol von Demokratisierung durch Technisierung und Individualisierung durch Massenkonsum geworden; ein Beispiel für die materielle Ausstattung der »menschenfreundlich-massenfürsorglichen Epoche«, wie Werner Sombart, der Historiker und Soziologe des Konsums, Anfang der 1920er Jahre die Industriegesellschaft seiner Zeit beschrieb.

Bereitete das Fahrrad mit diesem Erfolg den Siegeszug der technisierten individuellen Mobilität vor – ist also historisch Vorläufer, nicht Gegenmodell des Automobils –, wurde es im Laufe des 20. Jahrhundert zunächst durch motorgetriebene Zweiräder, nach dem Zweiten Weltkrieg durch das Automobil verdrängt. Auch die Fernreise, während des Siegeszugs des Fahrrads weiterhin der Eisenbahn vorbehalten, wurde individualisiert. Mit dem eigenen Automobil von der eigenen Haustür möglichst schnell (fast) überall hinzukommen, wurde zum Ziel der Verkehrspolitik. Von Anfang an hatte das auch eine ästhetische Dimension: Sich eine ganze Nation, später völkisch uminterpretiert, fahrend anzueignen – das ging nur auf der Autobahn.

Doch nicht nur die Landschaft, auch die Städte mussten dafür umgeformt werden. Für den wachsenden Verkehr wurden die Straßen breit ausgebaut und stärker reguliert. Die moderne Verkehrsplanung entstand und sicherte dem Automobil immer größere Flächen zum Fahren und Stehen. Die Zerstörungen des Zweiten Weltkriegs kamen den Planern dabei nicht selten gelegen. Das Fahrrad, das mitten in dem für heutige westliche Augen chaotischen Durcheinander städtischer Mobilität um 1900 gestanden hatte, wurde buchstäblich an den Rand gedrängt.

Das Ergebnis war die große Krise der deutschen Fahrradindustrie in den 1970er Jahren. Sinkende Nachfrage, bedingt durch den Verlust von Nutzwert und Status, führte zu einer stärkeren Preiskonkurrenz und *Offshoring* nach Ostasien. Unternehmen konnten sich nur dann behaupten, wenn sie möglichst billig produzierten. Ein Symbol dieser Krise ist das Billig-Klapprad für den Kofferraum, für das die angeschlagenen Hersteller die automobile Gesellschaft zu begeistern suchten.

Mit Skaleneffekten aus der Krise

Überleben konnte in diesem Marktumfeld nur, wer mehr als zuvor auf Skaleneffekte setzte und dafür die Produktpalette verkleinerte. Skaleneffekte stehen im Zentrum der modernen Industrie. Sie finden sich auf der Ebene einzelner Teile etwa in der Automobilindustrie, in der Konzerne elementare, aber komplizierte Teile quer über ihre Marken nutzen. Das führt dazu, dass Teile wie Blinker oder Lenkstockschalter auch in vielen hochpreisigen Modellen identisch mit denen der billigsten sind. Man bekommt nicht einzigartigen

Luxus, sondern das obere Ende *einer* Modellpallette, die der Hersteller insgesamt ökonomisch darstellen muss.

In der Fahrradindustrie war das anders. Marktkonzentration, die Skaleneffekte durch die Abbildung von Marktdifferenzierung innerhalb einer Konzernstruktur hätte nutzen können, blieb aus. Um die Skaleneffekte ohne Produktintegration zu nutzen, wurde das Fahrrad modular. Weil es kein Unternehmen gibt, das alle Teile selbst herstellt oder langfristige exklusive Lieferverträge mit Zuliefererunternehmen eingeht, galten und gelten industrieweite Standards.

Mavic war in den 1990er Jahren der letzte Hersteller, der den Anspruch aufgab, eine sehr breite Palette von Fahrradteilen selbst zu produzieren. Seitdem ist typisch geworden, dass Fahrradmarken überwiegend für Design, Marketing und Vertrieb stehen. Die Komponenten wie Schaltung, Kurbel, Kette oder Beleuchtung kommen von wenigen Herstellern. Auch die Rahmen – das wesentliche gestalterische Unterscheidungsmerkmal – werden meist von Spezialherstellern in Fernost gefertigt. Höchstens die Montage erfolgt bei den Markenherstellern selbst.

Ein dynamischer Markt mit begrenzter Innovationsfähigkeit

Da die Komponenten auch für Endkunden direkt zu erwerben und durch die Standardisierung frei kombinierbar sind, kann man sich ein Fahrrad mit etwas Sachkenntnis selbst zusammenbauen. Das *customizing* und eigene Reparaturen sind weit üblicher als bei Automobilen. Werkstätten sind weitgehend unabhängig von Marken. Das Reparatur- und Gestaltungswissen ist Teil der *public domain*.

Dabei hilft die geringe Regulierung. Während Automobile einem Regime zahlreicher und stetig aktualisierter Vorschriften unterliegen, verlangt die Straßenverkehrs-Zulassungs-Ordnung für das Fahrrad nur wenige Sicherheitsmerkmale, die im laufenden Verkehr nur gelegentlich und lax kontrolliert werden. Regelmäßige Prüfungen wie die Hauptuntersuchung gibt es nicht. Fahrräder haben bis heute keine obligatorischen Kennzeichen. Die Schweiz, darin lange eine Ausnahme, hat ihre »Velovignette« 2011 abgeschafft.

Modularität im Design und geringe staatliche Regulierung sorgen einerseits für einen dynamischen Markt. Schon für die vietnamesischen und chinesischen Hersteller war der Markteinstieg Ende des letzten Jahrhunderts leicht, da sie billigere Versionen der standardisierten Teile in Europa günstig anbieten konnten. Seit den 1980ern haben Hersteller so zahlreiche neue Märkte geschaffen. Das Klapprad kam – nun als hochwertigeres Faltrad vermarktet – zurück. Nicht mehr für den Kofferraum, sondern für die Bahn, und bei den teuersten Varianten schnell zum Preis eines gebrauchten Kleinwagens. Kleinstbetriebe bedienen mit viel Handarbeit Nischen, von strapazierbaren Stahlrahmenrädern über Leichtbau-Lastenräder bis hin zu Velomobilen. Da sie dank der Modularität mit den jeweils modernsten Komponenten bestückt werden können, fallen sie technisch nicht zurück.

Der Preis dafür ist andererseits die begrenzte Innovationsfähigkeit des Gesamt-Designs. Die Innovation geschieht partikular und inkrementell, indem Innovationen entweder durch neue Typen oder durch Verbesserung von Komponenten möglich sind. Doch kein Unternehmen verfügt über eine genügende Marktmacht für grundlegende Innovationen. Die Steigerungen in den Bereichen sind zwar beachtlich, man profitiert von besseren Materialien, Testmöglichkeiten und *computer-aided design*. Dennoch würde man kaum prinzipielle Probleme damit haben, ein hundert Jahre altes Fahrrad aus dem Museum zu benutzen. Es hat sich seitdem nichts grundlegend geändert.

Ein »smart bike with sex appeal«

Das von den niederländischen Brüdern Taco und Ties Carlies 2009 gegründete Unternehmen VanMoof war mit dem Anspruch aufgetreten, genau das zu ändern. Sie reagierten damit auf insgesamt veränderte Marktbedingungen. Das Fahrrad ist in westeuropäischen Nationen heute nicht mehr nur Transportmittel derer, die (noch) nicht Auto fahren können oder dürfen. Nach der großen Krise hatte es neben seiner Randstellung im Alltag eine neue Rolle als dezidiertes Freizeitprodukt gefunden, mit neuen, aus den Vereinigten Staaten stammenden Typen wie dem Mountainbike oder BMX. Begleitet vom langen grünen Marsch durch die Institutionen und Änderungen im Gesundheitsbewusstsein der Bevölkerung konnte es aber auch wieder den Alltag abseits der Nische zurückgewinnen.

Doch mit dieser Verschiebung gehen Erwartungen vom Automobil auf das Fahrrad über. Entsprechend übertrugen die Carlies-Brüder die Produkt- und Innovationsgetriebenheit der New Economy auf ihr neues Fahrrad. Es war ein »smart bike with sex appeal«, wie die Presse treffend schrieb, das im Funktionsumfang und als Statussymbol mit dem Auto konkurrieren können sollte. VanMoof setzte auf ein minimalistisches, also visuell geglättetes Design: den in den 1920er Jahren etablierten, von der Tech-Industrie in den 1980ern neu angeeigneten Stil sich als progressiv verstehender bürgerlicher Milieus. So gewannen die Räder auch bald den Ruf, ein Hipster-Accessoire zu sein, der Tesla unter den Rädern. Anerkennung im Feld des Designs blieb nicht aus, die Fahrräder gewannen mehrfach den prestigereichen Red Dot Design Award.

Doch eben nicht nur »sexy«, auch »smart« wurde das Rad. Das lästige Anschließen wurde durch eine automatische Verriegelung ersetzt. Ein Diebstahlschutz blockierte das Rad und löste Alarm aus, wenn es nicht entsperrt wurde. Mit einer integrierten SIM-Karte wurden die Räder zum Teil des *internet of things* und ließen sich tracken. Manche Modelle erhielten eine automatische Schaltung, die die Räder an die Bequemlichkeit des Autofahrens mit Automatikgetriebe angleichen sollte. Um all diese Funktionen überblicken, konfigurieren und updaten zu können, bekam das Rad – so, wie es der technikaffine Nutzer des 21. Jahrhunderts erwartet und gewohnt ist – eine App zur Seite gestellt.

Die Schwäche starker Kopplungen

Diese ästhetische und funktionale Neuerfindung des Fahrrads erforderte eine nie dagewesene Integration auf allen Produktebenen. Für die zahlreichen eigens entwickelten Teile musste man ein bisher im Markt verteiltes Produkt- und Produktionswissen erwerben. Dazu gehörte der Aufbau eigener Lieferketten. Weil ein VanMoof nur aus Spezialteilen bestand, brauchte es Spezialwerkstätten. Gleichzeitig musste man in hoher Geschwindigkeit wachsen, um die Risikokapitalgeber zu befriedigen.

Immer deutlicher zeigten sich die Risiken dieses Produktmonismus, eine Schwäche starker Kopplungen. Das integrierte Design führte dazu, dass ein einziges defektes Teil manchmal reichte, das Fahrrad insgesamt unbenutzbar zu machen. Dieses *eine* Teil war insbesondere bei den elektronischen Komponenten so integriert, dass ganze Teilgruppen ersetzt werden mussten. Diese aber waren wiederum nur von VanMoof lieferbar und von zertifizierten Werkstätten austauschbar. Bisweilen ließ man den Kunden – noch teurer – gleich ein neues Fahrrad zukommen.

Der empfindlich geringe Spielraum, den das Unternehmen im Vergleich zum modularen Design dadurch hatte, führte dazu, dass Marktschwankungen und Lieferkettenprobleme unmittelbar auf die Kunden durchschlugen. Zu viele von ihnen bekamen ein Rad, das nach kurzer Zeit kaputtging und erst nach monatelangem Warten repariert werden konnte. Selbst die einen guten Teil der Kundschaft ausmachenden tech-affinen Hipster, die sich wissentlich für ein teures, unzuverlässiges, aber dafür innovatives Produkt entschieden hatten, verloren die Geduld. Der zunehmend schlechte Ruf traf dabei auf eine sich im Zuge der Bewältigung der Pandemie entspannende Angebotslage. Man konnte den Kunden nicht mehr alles verkaufen.

Rettung und Neuausrichtung

In den Monaten nach Beginn des Insolvenzverfahrens begannen die enttäuschten Kunden zu befürchten, bald nur noch Besitzer teuren Elektroschrotts zu sein. Unklar war nicht nur die Versorgung mit Ersatzteilen. Insbesondere drohte das Abschalten der Server, das die Fahrräder im schlimmsten Fall unbenutzbar gemacht hätte. Die digitale Zivilgesellschaft wie der freie Markt reagierten präventiv. Freie Entwickler stellten eine Software bereit, mit der der digitale Schlüssel offline, ohne Kontakt zum VanMoof-Server, an das Rad kommuniziert wird. Auch alternative Apps, mit denen die wichtigsten Funktionen bedienbar sind, wurden beliebter – eine davon von einem Konkurrenten.

Mit dem Kauf VanMoofs durch den britischen Elektrorollerhersteller Lavoie sind die schlimmsten Befürchtungen zwar nicht eingetreten. Doch wird das Unternehmen grundlegend umgebaut werden. Die kurzfristigen Investitionen, die VanMoof wieder zahlungsfähig machen sollen, werden begleitet durch Massenentlassungen, einschließlich der Carlies-Brüder selbst. Doch steht das Unternehmensmodell grundsätzlich infrage. Vom aufwändigen Direktvertrieb will man sich verabschieden und keine eigenen Filialen mehr betreiben. In welchem Ausmaß auch das Produkt selbst betroffen ist, wird sich zeigen. In neuen Modellen wieder vermehrt auf Standardkomponenten zurückzugreifen wäre jedoch die naheliegendste Strategie, Kosten zu senken und Risiken zu streuen.

Ganz egal, welche Strategie der neue Eigentümer verfolgt: Die Konkurrenten beobachten den Fall genau. Denn VanMoof stellt den Extremfall eines neuen Spektrums von Fahrraddesign dar. Manche beschränken sich auf die Elektrifizierung des klassischen modularen Fahrrads. Andere nutzen die günstigeren Entwicklungsmöglichkeiten und schaffen es, kleinere Serien ohne externes Kapital und trotzdem mit vielen Spezialteilen zu produzieren – mit Ausnahme von Motoren, Schaltungen und Bremsen. Andere Hersteller wiederum kopieren das Modell VanMoof, aber benutzen gerade anfangs mehr standardisierte Komponenten und wachsen langsamer, um Risiken besser managen zu können.

Was wird aus dem Fahrrad?

Doch egal, welche Wege die Hersteller gehen – sie bewegen sich in einem Marktumfeld insgesamt sich verändernder Mobilität. Von einer wirklichen Verdrängung des Automobils durch das Fahrrad kann zwar angesichts der Verkaufszahlen keine Rede sein. Wenngleich die Fahrradbranche immer neue Umsatzrekorde erzielt: Mit Ausnahme weniger Metropolen steigt die Pkw-Dichte in Deutschland noch immer Jahr für Jahr. Gleichzeitig ist es zumindest in den westeuropäischen Industrienationen unwahrscheinlich, dass die Orthodoxie der automobilen Gesellschaft in diesem Jahrhundert erhalten bleiben wird.

Die damit verbundene kreative Zerstörung von Mobilitätsbedürfnissen bedeutet eine Verschiebung physischer wie symbolischer Werte der Mobilitätsprodukte. Das äußert sich zunächst im Preis: Auch normale Kunden geben heute so viel Geld für ein Rad aus, wie es lange nur Radsportler taten. Hohe Anschaffungskosten für ein Fahrrad relativieren sich, wenn es ein Auto ersetzen kann. Fahrräder werden dafür hochwertiger, schneller, bequemer. Klimaschonende Mobilität braucht auch Fahrräder für Leute, die nicht gern Fahrrad fahren.

Gleichzeitig gewinnen sie symbolische Werte, die sich nicht allein aus dem Preis ableiten. Der Achse politischer Weltdeutung unserer Zeit folgend ist das Fahrrad nicht nur Mittel, sondern eben auch Symbol des grünen Umbaus der Wirtschaft geworden. Einerseits als ein geliebtes und gehasstes Statussymbol, das alte von neuen bürgerlichen Milieus zu unterscheiden hilft. Andererseits auch imaginativ: Sehen die einen im Lastenrad den Vorschein einer grünen Utopie des 21. Jahrhunderts, ballen die anderen die Faust in der Tasche, weil sie ein Menetekel grüner Deindustrialisierung und Verbotsdiktatur darin erkennen.

Wie viel von seiner geradezu anarchischen Modularität das Fahrrad angesichts all dieser Veränderungen langfristig bewahrt, bleibt offen. Leistungsstärkere Motoren, digitale Funktionen und die größere gesamtgesellschaftliche Bedeutung des Fahrrads bergen neue Risiken, auf die mit stärkerer Regulation reagiert werden könnte. Unklar ist auch, in welchem Umfang teure und aufwändig integrierte Designs mit neuen Funktionen einen Markt außerhalb urbaner Milieus finden können.

Von entscheidender Bedeutung bleibt letztlich das Kapital. In Europa machte 2017 die geplante Fusion der niederländischen Pon Bike und Accell Group Schlagzeilen, die den größten Fahrradkonzern der Welt geschaffen hätte. Auch wenn sie letztlich scheiterte, kündigt sich mit der sich auf kleinerer Ebene derzeit vollziehenden Marktkonzentration eine andere Innovationsmöglichkeit an als das mit Risikokapital vollgepumpte Start-up. Konzerne versammeln verschiedenste Produktfaktoren, zu denen neben den digitalen Kompetenzen und Skalierungsmöglichkeiten in der Produktion auch Vertriebs- und Servicepartnerschaften mit Fahrradgeschäften und Dienstleistungen wie Finanzierung, Sharing, Leasing oder Pannenhilfe gehören. Und: Sie haben einen längeren Atem, als VanMoof allein ihn je haben konnte. So ist nicht ausgeschlossen, dass ein Konzern seine Marktmacht auf die Probe stellen wird, um das Rad doch noch einmal neu zu erfinden.

Alte Frauen duzt man nicht
Wider die allzu vertrauliche Nennung historischer weiblicher Persönlichkeiten beim Vornamen

Von Jonathan Schilling

»Als Mädchen habe ich einmal drei Tage geweint, daß mein Onkel eines meiner Gedichte mit meinem Namen in ein Wochenblatt drucken ließ; ein solches Grauen hatte ich vor der Öffentlichkeit, – jetzt bin ich seit Jahren gewöhnt, meinen Namen gedruckt zu lesen; – aber er gehört ja meinem Manne, so hatte der ein Recht, darüber zu verfügen.«[1]

Dies schrieb die Schriftstellerin Ottilie Wildermuth 1854 an ihren Kollegen Adalbert Stifter und begründete damit, warum sie nicht anonym, pseudonym oder kryptonym, sondern unter ihrem wirklichen Namen schrieb (der übrigens, weil er so klangvoll ist, häufig für ein Pseudonym gehalten wurde). Noch deutlicher hatte sie sich anlässlich ihrer ersten Buchveröffentlichung 1848 gegenüber einer Freundin geäußert: »Demnächst wirst du meinen Namen in der Zeitung lesen [...] Es war meines Mannes Wille daß ich meinen Namen dazu setze, sonst hätte ich's nicht gethan, aber da mein Name der seine ist, so kann er darüber verfügen.«[2]

Interessant genug sind die Fragen um weibliche Autorschaft und Anonymität, die sich hier auftun, doch noch etwas fällt sofort auf, wenn man den Text heute liest: Der Nachname gehört dem Mann. Das »schwache Geschlecht« hat dafür den Vornamen. Diesem Verständnis entsprach im 19. Jahrhundert weitgehend die Anrede zwischen Angehörigen des Bürgertums und des niederen Adels: Wenn Männer sich duzten – was hauptsächlich dann geschah, wenn sie denselben Jahrgang einer Schule besucht hatten oder derselben Studentenverbindung angehörten –, nannten sie sich beim Nachnamen: »Was machst du, Marx?«[3] Wenn Frauen sich duzten,

1 Ottilie Wildermuth an Adalbert Stifter am 2. April 1854. In: Adalbert Stifter, *Sämtliche Werke*. Bd. 23: *Briefwechsel*, Bd. 7. Graz: Stiasny 1939.

2 Ottilie Wildermuth an Auguste Eisenlohr am 25. Oktober 1848. Deutsches Literaturarchiv Marbach (A:Wildermuth, Ottilie, 01.45.3,3).

3 Theodor Storm, *Es waren zwei Königskinder* [1884]. In: Ders., *Sämtliche Werke*. Bd. 3: *Novellen 1881–1888*. Hrsg. v. Karl Ernst Laage. Frankfurt: Deutscher Klassiker-Verlag

benutzten sie den Vornamen: »Hüte dich, Clementine!«[4] Ehepaare untereinander entsprechend: »Ein weites Feld, Luise.« – »Was du da sagst, Briest, ist das Gescheiteste, was ich seit drei Tagen von dir gehört habe, deine Rede bei Tisch mit eingerechnet.«[5] Tony Schumacher erinnert sich: »Die Frauen aus dieser Zeit nannten gewöhnlich ihre Männer mit dem Geschlechtsnamen, was etwas Steifes, Förmliches hatte.«[6] Natürlich gab es auch noch weitere Anredemöglichkeiten von Männern an ihre Frauen, die heute eher aus der Mode gefallen sind: »Du wirst mich verbinden, mein liebes Kind, wenn Du mich vorderhand nicht weiter stören wolltest.«[7]

Ganz folgerichtig ist es also, wenn bei der 1888 erfolgten Erstveröffentlichung des Brautbriefwechsels zwischen Ottilie Rooschüz und David Wildermuth stets die Bezeichnungen stehen: »Wildermuth an Ottilie« oder »Ottilie an Wildermuth«.[8] Mit ganz ähnlichen Beispielen ließe sich die Reihe fortsetzen: »Im April 1894 schrieb Clara an Brahms« oder: »In einem Brief an Emilie notiert Fontane«, oder: »Bereits am 16. März 1870 schreibt Cosima an Nietzsche«.

Diese Zitate stammen nicht aus dem 19., sondern aus unserem Jahrhundert.[9] Und es sind nur drei von zahllosen Stellen, die belegen, dass das Namensverständnis des 19. Jahrhunderts bis heute fortwirkt. Niemand käme auf die Idee, zu schreiben: »Johann Wolfgangs Behandlung des Faust-Stoffes wurde für künftige Generationen tonangebend« oder »Am 9. Mai 1805 starb Friedrich in Weimar«.

Aber in Bezug auf Frauen geschieht es bis heute unentwegt. In einem Roman mag man so etwas durchgehen lassen: »Seine Küsse schmeckten süß und zauberten ein Kribbeln auf Berthas Haut.«[10] Würde das Kribbeln stattdessen »auf von Suttners Haut« gezaubert, so wäre doch die ganze zauberhafte Sentimentalität im

1988. Die Vornamen der Protagonisten, die mit Nachnamen Marx, Franz und Walther heißen, erfährt man in der Novelle nicht.

4 E. Marlitt [d. i. Eugenie John], *Im Schillingshof. Roman*. Bd. 1. Leipzig: Ernst Keil 1880.

5 Theodor Fontane, *Große Brandenburger Ausgabe*. Abt. I, Bd. 15: *Effi Briest. Roman* [1895]. Hrsg. v. Christine Hehle. Berlin: Aufbau 1998. Hingegen erfährt man im ganzen Buch den Vornamen Herrn von Briests nicht.

6 Tony Schumacher, *Was ich als Kind erlebt* [1901]. Hrsg. v. Monique Cantré. Tübingen: Klöpfer & Meyer 2010. Schumacher nennt eine weitere Anredeform von Frauen an Frauen, die deutlich macht, dass der Nachname und die Ehefrau dem Mann gehörten: »Auch untereinander gebrauchten sie selten ihre Rufnamen, sondern es wurde dem Familiennamen die Endsilbe ›in‹ angehängt, – ›die Bartruffin – die Brandin – die Bilfingerin‹«.

7 Friedrich Wilhelm Hackländer, *Magnetische Kuren. Lustspiel in vier Aufzügen*. Stuttgart: K. F. Hering & Comp. 1852. – Für einige weitere Ausführungen zur bürgerlichen Anredepraxis des 19. Jahrhunderts sei auf die bald erscheinende Dissertation des Verfassers verwiesen.

8 Agnes Willms / Adelheid Wildermuth, *Ottilie Wildermuths Leben. Nach ihren eigenen Aufzeichnungen zusammengestellt und ergänzt von ihren Töchtern*. Stuttgart: Union Deutsche Verlagsgesellschaft 1911.

9 Eva Rieger (Hrsg.), *Mit 1000 Küssen Deine Fillu. Briefe der Sängerin Marie Fillunger an Eugenie Schumann, 1875–93*. Köln: Dittrich 2002; Jana Kittelmann, *Kriegsgefangen*. In: *Theodor Fontane Handbuch*. Hrsg. v. Rolf Parr / Gabriele Radecke u. a. Berlin: de Gruyter 2023; Matthias Kruse, *Ludwig Nohl. Musikwissenschaft zwischen Hegel, Wagner und Beethoven*. Münster: Waxmann 2023.

10 Eva Grübl, *Botschafterin des Friedens. Roman*. München: Piper 2022.

Nu – weggezaubert. Doch mitunter scheinen, wenn Frauen verniedlichend bei ihrem Vornamen genannt werden, die stilistischen Grenzen zwischen Trivialromanen und wissenschaftlicher Prosa beinahe zu verwischen: »Es war ein schöner Sonntag im Frühsommer – ein Tag, wie Julie Bebel ihn liebte. An solchen Tagen hielt es sie nicht mehr in der kleinen Wohnung in einem Leipziger Außenbezirk. An solchen Tagen musste Julie ins Grüne [...] Doch an diesem Sonntag war Julies Glück fast vollkommen.«[11] Oder: »Drei Stunden später genoss Maria den Schinken und den Champagner im Haus von Toscanini«; »Maria zog ihren Mantel aus und drückte ihn samt Handtasche Gobbi in den Arm«.[12]

Oder: »Später erinnert sich Malwida, Nietzsche habe ihr einst vorgeschwärmt [...] Die beiden sind einander zuerst durch Wagner-Wonnen verbunden [...] Am Horizont damals eine Dreiecksbeziehung zwischen Malwida, Nietzsche und Olga!«[13] Eigentlich eine Fünfecksbeziehung, denn Nietzsche ist bereits in eine »moderne Kontrafaktur der mittelalterlichen Dreiecksbeziehung« involviert: »Cosima führt mit Wagner, wie Isolde mit Marke, eine Ehe, die im Grunde Ehebruch ist, da Cosima eigentlich für Nietzsche bestimmt ist – wie Isolde für Tristan.«[14] Die »Wagner-Wonnen«, von denen Joachim Radkau schreibt, ergeben eine schöne, echt wagnersche Alliteration, die man nicht durch »Richard-Wagner-Wonnen« ersetzen könnte und auch nicht müsste. Aber der Autor schreibt in seinem Buch durchgehend von Nietzsche, Wagner, Rolland – und von Cosima, Malwida, Olga.

Zu seiner Rechtfertigung – und er ist damit einer der ganz wenigen, die ihre Verwendung von Frauenvornamen überhaupt reflektieren – verweist Radkau unter anderem darauf, dass »Malwida« auch von Romain Rolland so genannt wurde und sich häufig selbst mit ihrem Vornamen vorstellte. Aber gilt das auch für Olga und Cosima? Und darf ein Historiker seine Verwendung von Begrifflichkeiten mit dem Hinweis auf die Sprache seiner Quellen begründen? Es sei »umständlich-korrekt«, den Nachnamen zu gebrauchen, zumal Meysenbug nur ihr Ehename gewesen sei, führt Radkau weiter an, und andere Biografen hätten es schließlich auch so gemacht (natürlich!).[15]

Tatsächlich ist es bei historischen Frauenpersönlichkeiten etwas umständlicher, den Nachnamen auszuschreiben, da sie mit der Heirat normalerweise den Na-

11 Christoph Nonn, *12 Tage und ein halbes Jahrhundert. Eine Geschichte des deutschen Kaiserreichs 1871–1918*. München: Beck 2021.

12 Eva Gesine Baur, *Maria Callas. Die Stimme der Leidenschaft. Eine Biographie*. München: Beck 2023. Bei den erwähnten Herren handelt es sich um den Dirigenten Arturo Toscanini und den Bariton Tito Gobbi.

13 Joachim Radkau, *Malwida von Meysenbug. Revolutionärin, Dichterin, Freundin: eine Frau im 19. Jahrhundert*. München: Hanser 2022.

14 Dieter Borchmeyer, *Nietzsche, Cosima, Wagner. Porträt einer Freundschaft*. Berlin: Insel 2023.

15 Kritik übt die Rezensentin Ulla Wischermann: »Diese Vertraulichkeit ist m. E. eine unglückliche Entscheidung, enteignet sie doch eine hochinteressante historische Person, vielleicht nicht zufällig eine Frau, ihres vollständigen Namens und damit eines Teils ihrer Individualität.« Ulla Wischermann, *Joachim Radkau: Malwida von Meysenbug*. In: *Feministische Studien*, Nr. 40/2, 2022.

men wechselten. Es ist in der Tat einfacher und gefälliger, durchgehend von Käthe zu sprechen, als in den ersten Kapiteln von »Schmidt« und dann von »Kollwitz«.[16] Viel unkomplizierter, einfach »Bertha« zu sagen, statt zunächst »Gräfin Kinsky von Wchinitz und Tettau« und dann »von Suttner«. Noch schwieriger wird es, wenn es sich um Ehepaare handelt, bei denen beide Partner berühmt sind: »Schumann an Schumann« geht nicht, da scheint sich »Clara an Schumann« und »Schumann an Clara« als die einfachste Möglichkeit anzubieten. Aber die meisten Menschen finden heute nicht mehr, dass der Nachname dem Manne gehört. Beatrix Borchard schreibt: »Clara an Robert« und »Robert an Clara« und »Johannes Brahms an Clara Schumann« und »Clara Schumann an Johannes Brahms«.[17] Es geht also doch.

Noch in einem zweiten Bereich gibt es bis heute einen Gender-Name-Gap: Auch in Straßennamen wird es ersichtlich, dass Frauen das Recht auf ihren Nachnamen nicht zugestanden wird. 1901 beschloss der Stadtrat von Zürich, Ottilie Wildermuth mit einer Straße zu ehren. Die zuständige Verwaltungsbehörde hatte vorgeschlagen, einer neuerbauten Straße »mit Rücksicht auf das an derselben gelegene Schulhaus einen Namen beizulegen, der mit der Jugendbildung in Beziehung steht, z. B. den Namen der verdienten Jugendschriftstellerin Ottilie Wildermuth«.[18] Der Stadtrat folgte dieser Empfehlung gern.

Im Situationsplan wurde aber die bereits eingetragene »Wildermuthstrasse« durchgestrichen und durch »Ottilienstrasse« ersetzt – klar, es handelte sich ja um eine Frau, die keinen Nachnamen hatte, über den sie verfügen konnte. Tübingen folgte zehn Jahre später, und da man lieber eine Wildermuth- als eine Ottilienstraße haben wollte, ersann man den Ausweg, in die Begründung zur Benennung auch noch auf ihren Sohn, einen damals bekannten Epilepsiespezialisten, zu verweisen.[19] Als man in Stuttgart 1933 eine Straße nach Wildermuths eben verstorbener Tochter, der Schriftstellerin und Philanthropin Adelheid Wildermuth benennen wollte, nannte man sie »Adelheidweg«.[20] Wer heute wissen will, nach wem eine Emilien-, Ottilien-, Annen-, Antonien-, Marien- oder Margarethenstraße benannt ist, muss sich meistens ins Archiv begeben. Eine erinnerungspolitische Nullnummer.

Zu Recht wird immer wieder beklagt, dass nur wenige Straßen nach Frauen benannt sind, aber von den Straßen, die es gibt, hat man kaum etwas, wenn sie nur den Vornamen enthalten. Auch die gutgemeinten kleinen Ergänzungstäfelchen, die in manchen Städten Aufklärung leisten, können das nicht wettmachen. »Zehn Straßen in der Tübinger Kernstadt tragen

16 Dass es aber geht, zeigt Yvonne Schymura, *Käthe Kollwitz. Die Liebe, der Krieg und die Kunst. Eine Biographie*. München: Beck 2016. Wo sie von »Käthe« schreibt, schreibt sie auch von »Karl« und »Peter«, immer wieder findet sich auch die Form »Käthe Schmidt«.

17 Beatrix Borchard, *Clara Schumann. Ihr Leben. Eine biographische Montage*. Hildesheim: Olms 2015.

18 Stadtratsbeschluss vom 8. Mai 1901 (Nr. 390, S. 176). Stadtarchiv Zürich.

19 Gemeinderatsprotokoll vom 2. Dezember 1911 (§ 877, S. 1280). Stadtarchiv Tübingen, A 75/158/1.

20 Stadtratsbeschluss vom 24. Mai 1933. Akten im Stadtarchiv Stuttgart, 125/1, 1–15.

den Namen von Frauen, [...] die meist mit ihrem Vornamen auf den Straßenschildern verewigt wurden«, heißt es in einem Band über Tübinger Frauen, auf dessen Titelbild die »Isoldenstraße« kurzerhand durchgestrichen und durch »Kurzstraße« ersetzt wurde.[21]

Freilich könnte man auch bei dieser Form nur raten, nach wem die Straße benannt ist. Eine Benennung mit Vor- und Nachnamen (»Isolde-Kurz-Straße«) ist die einzige zielführende Möglichkeit, um eine Person im kollektiven Gedächtnis zu verankern. Der Vorname reicht jedenfalls nicht. Wer käme auf die Idee, Goethe mit einer »Wolfgangstraße« oder Bismarck mit einem »Ottoplatz« zu ehren? Solche Benennungen gibt es nur bei Angehörigen regierender Häuser, die keinen eigentlichen Nachnamen haben: »Friedrichstraße«, »Ludwig-Maximilians-Universität«, »Ulrichshöhle«, »Karlsruhe«.

Die meisten Männer sprechen heute ihre Gemahlinnen nicht mehr als »mein liebes Kind« an. So ist es vielleicht an der Zeit, dass auch Evas Töchter wieder das Recht auf ein *nomen gentile* bekommen. Dass Straßenschilder, die nur den Vornamen einer Frau enthalten, umgeschrieben werden. Dass in Sachtexten Frauen mit Vor- und Nachnamen (und bei wiederholter Nennung nur mit dem Nachnamen statt nur mit dem Vornamen) genannt werden. Es sind hochbetagte Damen, manche über zweihundert Lenze alt. Und die würde man ja auch nicht einfach duzen, wenn man ihnen leibhaftig begegnete.

21 Edith Glaser / Susanne Stiefel, *Zwischen Waschzuber und Wohltätigkeit. Tübinger Frauengeschichte(n) im 19. und frühen 20. Jahrhundert*. Tübingen: Kulturamt Frauenbeauftragte 1991.

Die Genazino-Treppe

Von Susanne Neuffer

Die Treppe und was man sieht

Ich kann der Treppe nicht widerstehen. Meist vermeide ich Rolltreppen, eile an ihnen vorbei die Stufen hinauf mit möglichst flachem Atem, um die Nutzer durch mein Tempo zu beschämen.

Sie ist keine klassische Rolltreppe, sondern ein Laufband, leicht und langsam ansteigend, wie an Flughäfen. Sie hat nicht diese furchteinflößenden beweglichen Kanten aus Eisenzähnen, denen man schon als Kind zu misstrauen gelernt hat, weil sie Schnürsenkel, Zöpfe, nackte Zehen in ihren Bauch ziehen und ein großes, blutiges Unglück verursachen können.

Die Rolltreppe verkehrt zwischen der Basis des Einkaufszentrums und dem höher gelegenen Supermarkt, den ich nie betrete. Ich könnte auch die Stufen draußen, jenseits der Glaswand, nehmen, oben an dem Stand mit den ausgemusterten Blumen und an der 50-Cent-Toilette abbiegen zu der kleinen Ladenstraße gegenüber den Kassen, wo es die Imitationen einer Post, eines Tabakladens und einer Bäckerei gibt. Der Bäcker, bei dem ich kaufe, ist nur ein vorgeschobener Grund.

Grund für die häufige Benutzung des Laufbands sind die Leute, die mir, der Bergauffahrenden, als Bergabfahrende entgegenkommen. Diese Rolltreppe ist breit genug für die Einkaufswagen, die auf ihr transportiert werden. Eine Hand am Griff genügt, die Karren rollen nicht weg. Die Leute, ihre Blicke, ihre Haltung, ihre Einkaufswagen. Das Band ist so langsam, dass die Zeit reichen würde, um sie genau anzuschauen, den Inhalt der Wagen zu taxieren und sich Gedanken zu machen, was diese Menschen mit dem Inhalt ihrer Wagen verbindet.

Ich habe keinen Impuls, die Leute zu beschreiben, denn sie sind ohnehin alt oder jung oder nichts davon, arm oder wohlhabend, eingeboren oder fremd, sehen zufrieden oder mürrisch aus. Manchmal küssen sich tatsächlich zwei während der Fahrt, manche schweigen solange, haben ein ignoriertes Kind an der Hand. Alles ist möglich, nichts ist überraschend, verstörend. Das übliche Spektrum in der Vorstadt einer Großstadt, stadtteilspezifisch, extreme Ausschläge fehlen, zumindest tagsüber.

Ich kann das nicht auf einer einzigen Fahrt gesehen haben, immer wieder fahre ich von unten nach oben, niemals umgekehrt. Inzwischen habe ich den Biobäcker an der U-Bahn verlassen, verraten, ich kaufe jetzt zuverlässig beim Normalbäcker oben am Supermarkt Normalbrötchen, auch wenn die Schilder und Preise hochstaplerisch etwas anderes behaupten.

Die entscheidende Stelle in Genazinos Arbeitstagebuch *Der Traum des Beobachters* heißt: »Die Ruhe und Schönheit der Menschen, die auf Rolltreppen aneinander vorbeifahren. Es ist das Moment des Fahrens, das sie entlastet.«

Man braucht die Stelle im Buch nicht, um an G. zu denken. Die Rolltreppe bietet eine unauffällige Möglichkeit, beim Flanieren oder auch beim weniger entspannten Erledigen von Gängen Menschen zu beobachten, weil man dazu Zeit hat. Ich kann ihm das nicht mitteilen, er ist ja tot. Außerdem ist er ja selbst draufgekommen.

Flanieren hat, so meint er, »im Kern etwas Infantiles«, obwohl er gleichzeitig behauptet, Flanieren komme bei ihm nicht vor.

Das Infantile kommt wohl daher, dass Kinder so schauen: direkt, mit offenem Mund, lange, so dass der Angeschaute es merken kann, merken muss.

In dem Dokumentarfilm, den ich gefunden habe, flaniert er nicht viel, meist steht er an einer Bude, einem Kiosk, trinkt Kaffee aus einem Pappbecher, es könnte sogar ein Plastikbecher sein, der Film ist ja ein paar Jahre alt. Er steht da in einem langen (warmen) Mantel, wartet, wie ein Jäger, der endlos Zeit hat. Und er führt dem Kameramann vor, wie das aussieht, wenn er irgendwo steht, beobachtet, Zeit hat.

Durch sein Sterben 2018 ist ihm einiges entgangen. Die Pandemie. Der Krieg. Das mit dem Klima. Was die Leute daraus machen. Wie sie einkaufen. Wie sie reden. Woran sie sich klammern: Autos, Heizung, Fleisch. Die Entmachtung des Schreibers durch die KI. Wie sie beschwichtigen.

Das Einkaufszentrum, in dem die Genazino-Treppe täglich Menschen langsam aufwärts und abwärts transportiert, wird alle paar Jahre von einem anderen irregeleiteten Investor umgebaut. Er macht sich aus dem Staub, sobald erkennbar wird, dass es nicht klappt mit der urbanen Atmosphäre, der lebendigen Mitte, dem großen Geld. Die Trinker an der U-Bahn-Station, die beiden Bettlerinnen, die vielleicht Schwestern sind und sich so ähnlich sehen, dass ich nie sagen könnte, welche an welchen Platz gehört, das flache Rollband – sie werden übrig bleiben, wenn die neuen Läden schon längst wieder geschlossen haben.

Ich fahre und schaue den Leuten ins Gesicht und in die Einkaufswagen. Dabei warne ich mich vor der Haltung, die G. seinen Protagonisten zuschreibt. Sie schauen, sie nörgeln, sie haben etwas auszusetzen. Es steht mir nicht zu, den Inhalt der Einkaufswagen zu kommentieren. Das Glück kann auch mit Chips, Bier und Halloumi-Käse für eine kurze Weile angelockt werden. Und es ist schon alles gedacht und gesagt, zu den Alten und ihrer Kleidung und ihrer Langsamkeit. Wie sie an der Bäckertheke stehen, wie lange sie brauchen, ihre Wünsche zu äußern, und sie tun es absichtlich, damit der Tag herumgeht. Alles schon gesagt.

Ich könnte, anstatt von der oberen Marktebene quer über die Kreuzung nach Hause zu gehen, auch mal herunterfahren und dabei die Aufwärtsfahrenden anschauen. Sie haben keine oder noch leere Einkaufswagen, sind noch voller Erwartung, denke ich. Aber was denken die Leute von mir, wenn ich rauf fahre und wieder runter? Sind wir hier auf der Kirmes? Dass ich Rolltreppe fahre aus Langeweile, aus Übermut wie eine Neunjährige? Werde ich gleich ein Cent-Stück in die Ritzen stecken und das Ganze zum Halten bringen? Aber wenn sie mich wiedersehen und wiedererkennen, bedeutet das vielleicht, dass auch sie sinnfrei Rolltreppe fahren.

Es macht nämlich einen Unterschied, abwärts zu fahren mit der Beute, zum Hähnchenstand und zum Getränkeladen. Wieso haben sie überhaupt noch einen Einkaufswagen dabei? Sie sind doch schon außerhalb des Kassenbereichs. Und sie können nicht alle ein Auto haben, in das sie umladen. Das sagt mir mein in langen Klassismus-Debatten erprobter Blick. Was machen sie mit den Einkaufswagen, wenn sie unten sind? Kippen sie sie hinter die Mülltonnen und die paar Büsche am Rand des Markts? Ein Rätsel hat sich aufgetan, mit dem ich nicht gerechnet hatte. Auf dem Marktplatz ist nämlich im Normalfall kaum ein Einkaufswagen zu sehen.

Ein Mann fährt mir entgegen, liest einen Brief, er wirkt hoch konzentriert.

Ein mittelalter Vater hält einen Kinderwagen mit Kleinkind fest. Er trägt einen grünen Parka im Siebziger-Jahre-Stil. Er muss ihn geerbt haben.

Männer sind auffälliger, wenn sie einkaufen. Sie sehen weniger selbstverständlich aus. Noch immer. Nur Kleinkinder geben eine gewisse Sicherheit. Ich bin überrascht über meine altmodischen Gedanken.

Das Licht, das von Süden her durch die hohe Glaswand auf das Rollband fällt, ist nicht günstig, es verschont keinen, macht blass, gelbstichig. Niemand sieht gesund aus.

Wo ist der Glanz, wo ist die Herrlichkeit?

Die Fahrt ist, bei aller Langsamkeit, immer viel zu kurz.

Mühelos kann ich auch G. sehen, ihn auf die Rolltreppe stellen und herunterfahren lassen. Aber er hat keinen Einkaufswagen. Ich kann ihn nur als Schauenden sehen, nicht agierend. Die Hand am Kaffeebecher ist schon das Äußerste.

Was würde er sehen?

Eigentlich geht es nicht darum, was er gesehen oder seinen Protagonisten untergeschoben hätte. Es geht um Interpretation. Seine Neigung, Schlichtes mit Bedeutung aufzuladen durch bloßes Betrachten und Aussprechen, Aufschreiben.

Wie es ihm wohl gefallen hätte, dass die meisten Kinder in der Öffentlichkeit

Schatz heißen und viele Partner auch. Haben wir zu viele, zu unübersichtliche Vornamen? Sind die Eltern inzwischen so müde, dass sie sich keine Namen mehr merken können?

In seinem Arbeitstagebuch ist schon alles da: Momentaufnahmen, Beobachtungen, Plots, das ganze Material, oft bis in die späteren Formulierungen vorgeformt. Nach der Lektüre des Briefwechsels zwischen Max Frisch und Ingeborg Bachmann sind Frischs Texte, vor allem der *Gantenbein*, für mich zerbröselt, eingestürzt, waren erdrückt von so viel Autobiografischem, von so viel aus dem Lebendigen gerissenem Fleisch. Bei Genazino ist das anders, ich sehe Vorarbeit und Bearbeitung, sehe, wie sie ruhig zusammenhängen. Es wird ja auch kein Zweiter in diesem Arbeitstagebuch ausgeschlachtet zur literarischen Verwertung und zum öffentlichen Rätselraten. Abstand, Diskretion. G.s Protagonisten tun nur manchmal so, als seien sie geschwätzig und boshaft.

Was man ihm nachsagt und wovor man sich hüten muss

Er habe immer wieder dasselbe Buch geschrieben, dieselbe Geschichte erzählt von einem, der versucht, halbwegs und halbherzig durchs Leben zu kommen und größere Katastrophen zu vermeiden. Nein, das treffe nicht zu. Es gebe lediglich einen Basistypus, der durchaus Entwicklungsstadien durchlaufe. Auch Transzendentes finde man bei intensivem Suchen in seinem Werk.

Mir wird ein bisschen flau, wenn ich G. im gleißenden Licht der literaturwissenschaftlichen Bemühungen sehe. Ich schaue nach, wofür er den Büchner-Preis bekommen hat und stoße auf den Begriff des »Genazino-Wunders«: Das Leben wird als peinlich und lächerlich erfahren und beschrieben und doch als »eigentlich ganz schön« (Helmut Böttiger).

Während ich auf der Rolltreppe stehe, frage ich mich dann doch, ob die Leute, die mir entgegenkommen, seine Figuren sind. Gehören sie zu denen, die sich zwischen oben und unten an den Seitenwänden festhalten wie Bergsteiger in einem Kamin? Die jeden neuen Tag mit einer erprobten Mischung aus grimmigem Humor und stiller alter Sachlichkeit anpacken und dann wieder erschöpft zur Seite legen?

Wovor man sich hüten muss, natürlich, ist die Verwechslung von Autor und Erzähler, auch wenn G. alles dafür tut, dass es einem unterlaufen könnte. Er darf es, Knausgård darf es. Bei den kleineren Geistern geht es häufig schief.

Dazu kommt die Gefahr der Imitation von Haltung und Blick der Protagonisten: Wenn ich noch oft diese Rolltreppe nehme, werde ich aufhören, über G. nachzudenken. Ich werde stattdessen das Spiel selber spielen und aus meinen Mitfahrern tragikomische Figuren machen, schmerzerprobt, pragmatisch, tapfer und verbohrt Lamentierende – und dabei haben sie nur was zum Grillen geholt und schon wieder den Senf vergessen. Wem nützt es, wenn ich sie verzwerge, für meine Zwecke gebrauche. Vielleicht würde ich zu unangemessenen Gegenüberstellungen neigen, die zu nichts führen. So im Sinne von: Während Städte fallen, die Söldner durch die Straßen marodieren und die Fische sich in den trockenen Flussbetten zum Sterben legen, füllen sich die Einkaufswagen mit Sonderangeboten.

Menschen beobachten, Menschen bewerten, Urteile fällen ... Epigonales Stottern?

Sibylle Lewitscharoff soll gesagt haben, man solle einmal versuchen, eine Woche lang weder zu verachten noch sich selbst auf Kosten anderer zu erhöhen. Es sei beinahe unmöglich, diese Aufgabe zu erfüllen.

Störungen und Neubeginn

An einem Tag im Frühsommer steht das Aufwärtsband still. Man muss außerhalb des Gebäudes die Treppe hochgehen, der Blick auf die Herunterfahrenden, deren Transportband fährt noch, wird unscharf, verspiegelt, was sich natürlich als Bild auch wieder eignet.

Am nächsten Tag ist das tote Aufwärtsband seinerseits zum Abwärtsband geworden, das frühere Abwärtsband liegt still da. Manche gehen dennoch angestrengt, konzentriert, als könnte sich jeden Augenblick etwas bewegen, auf der falschen Seite nach oben. Ich bleibe unten stehen und lese das Schild. Es teilt mit, dass bedauerlicherweise die Rollsteige vorläufig nicht in gewohntem Umfang zur Verfügung stehen.

Rollsteige. Es heißt nicht Rolltreppe, nicht Laufband. Es heißt Rollsteige.

Was für ein kluges, umfassendes Wort. Es hat die offensichtlichen Widersprüche in sich aufgenommen. Nicht rollen, nicht steigen, nur beides.

Ich warte auf die Wiedereröffnung der Rollsteige. Auf Luftballons, Sonderangebote, eine Rede des Bezirksbürgermeisters oder Marktleiters. Einen Namensvorschlag hätte ich.

Der Merkur im Internet: Aktuelle Interventionen und Kommentare, Reaktionen auf Texte in der Druckausgabe, Blicke ins Archiv, Hinweise zu Tagungen und Links zu lesenswerten Artikeln und Essays online, zu finden unter:

www.merkur-zeitschrift.de/blog/

Demnächst:

Alexander Blankenagel
Ach Russland, war's das?

Bernhard Malkmus
Armenien und sein historisches Trauma

Sandro Paul Heidelbach
Die Zukunft ausgraben